我的青春我的梦

全国中学生校园美文精品集萃丛书

无字书成，纸上皆为冷暖

门外的爸爸

《中学生博览》杂志社 选编

时代文艺出版社

图书在版编目（CIP）数据

门外的爸爸 /《中学生博览》杂志社选编．—长春：时代文艺出版社，2018.8（2023.6重印）
（“我的青春我的梦”全国中学生校园美文精品集萃丛书）

ISBN 978-7-5387-5671-5

Ⅰ．①门… Ⅱ．①中… Ⅲ．①作文－中学－选集 Ⅳ．①H194.5

中国版本图书馆CIP数据核字（2018）第000197号

出 品 人　陈　琛
产品总监　郭力家
责任编辑　刘　兮
装帧设计　李　斌
排版制作　隋淑凤

门外的爸爸
《中学生博览》杂志社　选编

出版发行 / 时代文艺出版社
地址 / 长春市福祉大路5788号　龙腾国际大厦A座15层　邮编 / 130118
总编办 / 0431-81629751　发行部 / 0431-81629758
官方微博 / weibo.com / tlapress
印刷 / 北京一鑫印务有限责任公司
开本 / 700mm × 980mm　1 / 16　字数 / 153千字　印张 / 11
版次 / 2018年8月第1版　印次 / 2023年6月第5次印刷　定价 / 34.80元

图书如有印装错误　请寄回印厂调换

编　委　会

目 录

门外的爸爸

琥珀少年

一个人的喜欢，抵不过两个人的温暖

自己做个梦

呢喃

门外的爸爸

女孩儿开始懂事了之后，有了管事唠叨的妈妈，无话不谈的女闺密，甚至体贴入微的男朋友，爸爸就渐渐站到门外去了。

……

门外的爸爸，女儿已长大，刮风下雨不怕，也请你进来坐坐，喝杯茶，说会儿话，不要像个客人，有你才是家。

为了讨好你，我把自己套入桎梏

sue

林大瓜把我关在她的门外。

一道墙隔开了我们的世界。谁也看不见谁的眼泪。

听着她从门里传来的哭声，我的心仿佛在黑暗的隧道里被一只无形的手掏空了一般，带着无力与苍白。我背靠门坐下，任她充满情绪的泪水从我眼里流出。

我是对不起林大瓜的，也许我对不起的还有我自己。为了得到别人对我的微笑和赞许，我把自己变得不像自己。

事情要从林大瓜的第二次婚礼说起。林大瓜和他离婚后又嫁给了徐小论的爸爸。于是我便和林大瓜一起住进了徐小论的家里。徐小论第一眼看见我们的时候，眼里充满了敌意，就像狮子见到了前来夺取领地的老虎，气氛中满是火药的味道。

我决定要讨好徐小论，因为我想先改变她对我的看法，然后在她的帮助下改变她家人对我的看法，从而接受我成为他们的家人。

所以我刚到徐小论家的时候，便主动帮她做家务，还会把林大瓜给我的零花钱分给她，徐小论每次都会嚣张跋扈地对我说——陈小茫，别以为你这么做就会改变我对你的厌恶，你在我眼里永远是一个吃白食的“拖油瓶”。

我感觉自己很悲哀，为什么徐小论总是和我合不来呢？

我写了一张纸条给她，说她人漂亮又大方，愿意跟在她身后做任何事，还想请她出来喝奶茶。

我承认我有奉承的意思，因为徐小论一点儿也不好看，还很小气自私。

徐小论很快给我回了纸条，她说她愿意抛开以前的一切和我成为朋友。

在奶茶店里，徐小论和我聊得很投机，还告诉了我一个秘密——她晚上要和朋友们去找之前得罪过她的人算账，并请我加入她们的队伍。

我犹豫着想拒绝，但考虑到徐小论会认为我对她不够有诚意，于是在她满怀期待的注视下答应了她。

然后我真的鬼使神差地和徐小论去找人家算账了，地点在她和她的朋友都很熟悉的小巷里。那个地方像迷宫，在黑夜的笼罩下带着阴森的感觉。第一次参加这种活动，我因为害怕而颤抖。

在我紧张的等待下，那个和徐小论有过节的人终于出现了，她的后面跟了七八个人。徐小论大叫不妙之后便和她的三个朋友跑了，我还没反应过来她们为什么要跑，就被那七八个人围住打了起来。她们揪住我的头发，巴掌劈天盖地地落在我的脸上……那时候我很希望徐小论会来救我，可是她没有。

当我带着红肿的脸回家时，林大瓜把我痛骂了一顿，说我没出息，学人家打架。她一直追问我打架的原因，但我始终没有把徐小论供出来。徐小论事后向我道歉，说对方人太多，她一害怕就只顾着自己跑了。

我一点儿也不怪徐小论，反而为自己被那些人打了而高兴，因为徐小论对我的态度越来越友善了，我以为我已经和她成为了朋友。

再后来，徐小论暗地里塞给我一条银项链，让我偷偷藏在林大瓜的首饰盒里，说是要给林大瓜一个惊喜。我很高兴，我以为徐小论想改善和林大瓜之间的关系。

我把项链放在首饰盒里还没两个小时，徐小论就和她的奶奶一起强行搜查林大瓜和徐小论爸爸的房间，在首饰盒里搜出了那条银项链。徐小论的奶奶一口咬定林大瓜是贼，林大瓜百口难辩，急得脸色苍白。我站出来替林大瓜争论，并说明这条项链的来源，不料徐小论冷笑着一口否定，她说："这是我奶奶的项链，我怎么可能这么做？陈小茫，你这个说法太可笑了吧！"

那一刻，我有一种被暗算了的感觉。

徐小论和她的奶奶在一阵大骂中扬长而去之后，脸色苍白的林大瓜便冲进房内哽咽起来，之后变成了号啕大哭。那时候我对徐小论恨透了，便找了一根棍子冲进她的房间想把她的东西打烂，却在桌上发现了一个日记本，上面写着："陈小茫这个猪头，被我骗了都不知道……教训完她，还得去教训教训那个林大瓜，让她在这个家里抬不起头，然后自己滚出这个家。"

听着林大瓜从房里传来的号啕声，我心中泛起无限悲楚，我想进去安慰她，却被她关在了门外。

我靠着门坐下。当她的泪从我眼里流出的那一刻，我知道那也是我的泪水。

回想那些闹剧，我觉得自己很可笑。为了讨好徐小论，我把自己丢了，在没有任何方向的路途上兜兜转转回不到过去。就像席慕蓉说的——我战战兢兢地将自己套入所有的模式，所有桎梏，走到途中才忽然发现，我只剩一副模糊的面目，和一条模糊的路。

向着阳光奔跑

残心鱼

写这篇文章的时候，咱太子还在电脑前用尽吃奶的力气敲打着键盘，养着他的企鹅。我暗自感叹：太子，这键盘没得罪您吧？

那年我六岁，邻居阿姨拉着我的手问我："你希不希望妈妈给你生个弟弟？"

我嘟着嘴说："不要，我要妹妹，我要给她扎小辫儿。"

好吧，随着伟大的太子的降生，我的愿望彻底破灭。

我爬到床上，无视一旁的娘亲，用爪子碰了碰这个全身通红、眼睛眯眯的肉团，然后说："弟弟怎么这么丑？"话音刚落，一阵杀气来袭，我赶紧跳下床。

太子两岁的时候，我撑起他的小肩膀，他迈开白白的像莲藕一样的大腿，一步步向前踏，一个不小心，太子就向前倾去，我赶紧抱过他来，拍他大腿："臭小子！"太子抬头对着我笑。水汪汪的大眼睛，我瞬间被电到了。

呀，我们太子还会放电。

太子四岁的时候，上了幼儿园。除了刚开始的几天，以后都是哭着喊着不去。老爸老妈每天变着法儿让他去。一个月后，太子不再闹了。我问他为啥不闹了，他放下手里的玩具，抬起头，含糊不清地说："哭没用的，我还是要去。"

我瞬间突然很心疼。邻居家的孩子比太子大还都不舍得送去幼儿园，说孩子去了学校伙食不好，怕受苦。我能理解爸妈，他们也不容易，尽管收入微薄，但还要靠它撑起这个家。从那以后，我每天放学后就直奔幼儿园，幼儿园是私家开的，所以没有限制时间去接小孩儿。每次幼儿园阿姨看到我，都会向一群正在玩的孩子喊："小佳，你姐来带你回家了。"然后一个个子矮矮、胖乎乎的男孩儿就从人群里钻出来，屁颠儿屁颠儿地跟在我后面，看着他手上深浅不一的红道道，嗨，太子又被打了。

大概在太子七八岁的时候，我那姐样儿也没了。每天和太子斗嘴，抢电视。老爸老妈偶尔来点儿家庭暴力。当时的我，在太子身上找到了自己被遗忘的童年。

一转眼太子十岁了，上小学二年级了。

你说这太子才二年级，我买小博回家就跟我抢，还看得津津有味。我一直在他身边转悠，那叫一个心急如焚啊。"你看得懂吗？"我问他。他抬头看了我一眼，然后摇摇头。

我晕，看不懂你就别跟我抢嘛……

"哎哟！"头被敲了一下。回头发现太子已经撒腿跑了。好小子，竟然背后偷袭我，"往哪儿跑！"我起身追了过去，满大街疯跑。

我停下来，望着前面的太阳，多么希望，我们能永远向着阳光奔跑。

晴天竟然刚刚好

风铃骨

我看着眼前袅袅升起的白烟，沉默地听着对面人滔滔不绝：

“哎，你什么时候去上课？”她说，“你看看你，一个星期就上三四节课，你要不要考大学了啊？”她皱着眉头，绝望地看着我。我晃动着面前的茶水，我是爱她的，毕竟她是我的母亲。可，唉，算了吧，她也好不容易来看我一次。

“我明天就去上课。”轻轻地扫了她一眼，她的眼中闪过一丝光芒：“真的？不逃课了？”

“嗯。”我说。

她激动地拉起我的手，“真的？真是太好了！太好了！”

“那你……”我手上还停留着她的余温，暖暖的。

“哦，我接个电话先。”

“那你能不能留下来陪我”这句话终究没有说出口。我扯了扯嘴角，扬起一丝苦涩的笑。

错过的是命运，遇见的也是命运。一转头就看见你明媚的眼眸，透彻的阳光似乎把我所有的掩饰都望穿，那一眼穿透灵魂。

原来我们一直生活在同一个空间里，只是未曾彼此了解。秦天。他的名字叫秦天。我似乎有点儿怦然心动。自从我天天去上课以后，老师和同学们都凌乱了，死党夏溪要死不死地问我："晋好，你怎么了？你到底怎么了？要不要帮你打医院电话，你好反常。怎么，革命失败了还是你爹娘妥协了？"

"夏溪，你是觉得我不在的日子你很无聊是不是，那么我……"

"呃……上课了！"夏溪风一样地回到自己的座位。

不知道秦天还记不记得我，记不记得那次相遇，私心里是希望他记得的，可骄傲的我却又希望他不记得我当时狼狈而脆弱。秦天的成绩很好，人缘也很不错，相比自己，几乎半学期没读书的人，唉，那是学渣与男神的距离啊。

"晋好，老师叫你去办公室。"

我晃晃悠悠地向办公室走去，心里懒洋洋地想，不会是因为我没逃课老师以为我觉悟了吧？我能说其中一半的原因是秦天吗？

"报告。"我低着头，没有看到办公室里的秦天。

"是晋好同学吧，老师出去了，叫你等他一会儿。"我抬起头愣愣地看着秦天，一分钟，两分钟，三分……

"晋好，你来了，坐。"老师回来得可真是时候。我感觉脸有些燥热，不由懊恼自己的失神。老师跟我讲了很多，可我一个字都没有听进去，眼睛时不时从秦天的身上飘过，然后偷偷地笑。

"好了，去上课吧，帮秦天把作业抱过去。"

"是。"我唰地站起来，过激的动作引起了秦天和老师的注目，"我……我急着去上课。"不用想也知道自己的脸红了。

"要不要我帮你抱一半？"秦天问。

"不用了，我抱得动。"

沉默了一会儿，秦天突然开口："我叫秦天！"

"嗯？"我疑惑地看着秦天，随后很快地低下了头，我不敢看秦天明媚的眼眸，他会让我想起那一次的狼狈。"我叫秦天，A班学习委员，老师叫我帮助你学习，以后有什么问题都可以来问我。"秦天一口气把话说完，生硬的语气似乎为了掩饰什么。我迟钝地笑着，那天是晴天，而我遇上了我的秦天。

这种爱恋的心情来得太突然，我有些手足无措。不过，我很快就缓过来了。为了缩小和秦天的距离，我不得不刻苦努力。虽然成绩还不是很好，不过总算摆脱了倒数第一的命运。秦天也变得异常主动，主动叫我写作业，弄懂不会的数学题。但他经常皱着眉头抱怨："怎么那么笨啊，都讲了三遍了。"我从来不予理睬，哼，我难道会告诉他，他给我讲题的时候我一直盯着他看吗？

周末的时候，我们总会在图书馆偶遇，呵呵，我是不会告诉他我用一个星期的早餐跟他的死党换来他的作息时间。在这个充满书香的房间里，我偷偷地看着他，好久好久，幸福的微笑悄悄洋溢在我的脸上。

幸福来得太突然，在缤纷的世界里，总是让人遗忘现实的种种悲伤与遗憾。

依旧是那个环境，一模一样的场景，对面的那个人依旧是我最爱的母亲。

"晋好，我……我和你爸爸离婚了。"我鼻子一酸，在来之前不是已经想到了吗？可为何听她说出来，心头还是蔓延着一股悲伤。

"晋好，是我们对不起你，可是我和你爸爸已经没有爱情了。"

我一句话也没说地跑了出去，疯狂地跑，似乎要把悲伤狠狠地甩掉。

"喂，晋好，不要跑了。"熟悉而温柔的声音。

吸了吸红红的鼻子："你……你怎么在这里？"

"我一路上跟着你来的啊，笨蛋，在大马路上乱跑什么！"秦天不客气地拍我的头。

我没有听到后半句的关心，我在意的是那句"我一路跟着你来的"，委屈、尴尬统统涌上心头："秦天你怎么能这样？为什么我狼狈的时候都被你看见，你难道不知道我喜欢你吗？你怎么可以这样！"

秦天拉着我的手愣愣地看着我："你说什么？"

“我……”我吸吸鼻子，满脸的眼泪，那样子肯定很喜感。我似乎不经意间告白了有没有？

“傻瓜，有什么好尴尬的，我多了解你一点儿不好吗？”

“那也不能只了解这些啊？”我嘟嘟嘴。

“那你呢？你连了解都不来了解我，倒是给我的死党送了一个星期的早餐。”

“呃，某人吃醋了，哈哈哈。”

“我才没有吃醋，喂，晋好你站住，你明天得给我带早餐。”

或许，我真的应该释怀吧，我不应该自私地让父母为了我放弃追求幸福的权利。阳光暖暖地洒在我们的身上，前一刻还乌云密布的天，突然放晴。

晴天竟然来得刚刚好。

苏珊不倾城，微笑伴

谷 紫

那个小女人姓苏，我唤她作苏珊。

我·她·他

我叫郑微笑。

没错，我身份证上的名字就是郑微笑。苏珊说她本来给我想的名字是“郑浩源”，只不过在后来取名字的时候，她正好看到书上一句“佛祖拈花，迦叶微笑”，觉得意境很美，于是我就有了这么一个独特的名字。

苏珊就是这样神经大条吧，甚至于我很庆幸取名字之时，她不是看到一段笑话，否则我就真的成了同学说的“真好笑”了。

苏珊，在我十三岁之前我叫她妈妈。后来的某一天，她对我说，她觉得“妈妈”这个称谓不好听，她说她觉得电视上他们互道英文名字很新颖，她也想有一个英文名。于是我翻到英文词典的最后，找到了“Susan”这个名字。从那时起我就叫她苏珊。而她，对我的称谓一直都是“帅哥”。或许这就是“魔咒”吧，我长得还真对得起社会，不影响市容。

与其说苏珊是我妈，倒不如说是我的红颜知己。她早婚早孕，十七岁就生下我。加之她性格孩子气，和我的关系特别好。倒是有时候让我觉得我有恋母情结了。

我从未见过他，他是苏珊口中很爱她的我的父亲，在我出生之前他就先走了。有人说过，在我来到这个世界之前，她是爱哭的脆弱小丫头。而他的死亡，我的新生，让她变了太多。

但我眼中，她总是那样乐观可爱。

我的名字

我叫郑微笑。

从小到大，因为这个名字，我都会成为校园人人皆知的大人物。小学时代，因为名字问题，我差点儿变成面瘫。每一次我露出笑容，就有人会指着我大声宣告："微笑微笑了哇！大家快看！"然后就是齐刷刷的目光扫射我。久而久之，我变得不敢笑，不爱笑，面部表情就那么僵硬了。

初中我走读，所以大家只是对我的名字感到别致。高中我开始寄宿，寄宿生涯让我的整个高中都充满乐趣。说是乐趣其实有点儿对不起我自己。

老师第一次点到我的时候，我看到他眉毛挑了一下。后来不断有同学问我，我的名字真的是"微笑"的那个"微笑"吗？

而我只有不耐烦地点头再点头。

甚至有同学四处包装推销我，说××班有一个男生叫作郑微笑，人也长得帅。

刚开学不多久总有女生站在班门口想一睹我芳容。周边男生打趣说："郑哥你让我们好生羡慕。"而我这番境地，得感谢苏珊。不止赋予我如此美好的名字，还赐予我如此出众的身高，让我在人群中能被一眼揪出。

苏珊是我妈

因为寄宿，也就周末回一趟家。

而苏珊一个人经营一间小小的男装店，生意算是蛮好的，只不过每天下午她必定会到学校来看我，顺便带一些零食给我和同学。用她的话说，便是“一刻不见，如隔三秋”。她是害怕孤单吧。

苏珊每天固定在下午最后一节课下课前五分钟到我们班门口。一下课我就会出来，带着苏珊四处晃荡聊天。有一次班主任又一次在路上遇见我和苏珊了，终于忍不住地问我说：“她到底是你妹妹还是姐姐啊？”苏珊笑得灿烂，说：“老师你好，我是微笑的妈妈。”还主动把手机号码记给班主任，让老师好好教育他儿子也就是我。她说：“老师，这孩子麻烦你了，他哪里做得不好你就惩罚他。”我在一边恭恭敬敬不敢说话。

待到班主任走远，我幽怨地看着她，我说：“苏珊你行啊，胳膊肘往外拐。”苏珊一脸谄媚继续抱我胳膊说：“帅哥，这些都是敷衍老师说的话。”

班上同学都知道苏珊每天都会来找我，他们也从没问我苏珊是谁，只高兴地接受苏珊带来的零食。

后来我才意识到，没有告诉他们苏珊的身份，是天大的错误。

某日在校门口送走苏珊回到教室，只看见教导主任一脸阴沉地在我们班门口踱步，看见我之后一把揪住我就拉进教室，劈头盖脸骂了我一脸唾沫。大致内容吧，就是：“好你个小兔崽子，光明正大地谈恋爱，整天和那个小丫头片子腻歪，说，她是哪个学校哪个班的？看我不扣你们学分，我都逮着好几回了！”

我当时的表情真是哭笑不得啊，我说：“主任你误会了，她不是我女朋友，她是我妈！”

然后教导主任气得那个脸都成酱肘子了，我似乎还觉得他头发都站了起来，就差没一巴掌呼我了。“你当我傻啊？她是你妈，我还是你儿子呢！骗人这么骗，你们班主任呢？打电话给我请家长！看我不收拾你个小兔崽子！”然后教导主任就出去打电话了。

我还站在原地凌乱的时候，班上那几个好哥们儿就在那儿笑我，他们说：“郑哥你这玩笑开大发了，你编什么不好偏说那女孩子是你妈，你刚听见没，主任老头儿气的，连是你儿子这话都说出来了！”我睨了他们一眼，说：“小心我抽你！苏珊真是我妈。”

我话刚说完，教导主任回来了，后面跟着我们班主任，班主任对我说：“我打电话给你妈妈了，你自个儿和主任说。”然后又偷偷走到我旁边说：“我说什么主任都不相信，还说我偏袒你。没事，你妈妈来了就解决了。”

苏珊到了之后看见我，飞奔过来问我发生了什么事，怎么才刚走，老师又把她叫回来了。我默默看着教导主任的脸变红变黑又变白。他干咳两声，和苏珊出去聊了。

班上我那几个哥们儿更是惊讶得合不拢嘴。一是一直以来都认为苏珊是我女朋友，二呢，就是苏珊太年轻了……

后来苏珊对我说，教导主任和她道了歉，说是眼花看错了。苏珊提及这件事笑得站不直身。

而我的那几个好哥们儿更是成了苏珊的粉丝。

我的苏珊

苏珊苏珊，大概是因为爱笑吧，没很显老。苏珊很瘦，头发也很长很柔软，夏天只微微绾着，冬天就披着。偶尔在刘海儿端别一个我送给她的夹子。她不爱化妆，经常只是穿个素色过膝裙。她很笨，穿高跟鞋就会摔倒，而且苏珊矮，她才一米六左右，而我一米八六。

有时候也想过，或许是因为那个男人，我才能有这样的身高吧。

印象中没见过苏珊掉眼泪，永远都是一副开开心心的样子，和别人的形容是不一样的。她脾气好，从没对谁发过火，大概也是因为这样，我和她没有闹过矛盾，甚至于，我的青春期，根本没有“逆反心理”这四个字。因为苏珊总是尽可能答应我的要求，尽管我很少对她提什么要求。

说起来，我和苏珊的母子关系，该是很多同龄人都向往的吧。我很庆幸。

苏珊自己打理着一间小小的男装店，淘宝店盛行的时候苏珊说她也想尝试看看，我说好。

我给她注册了一个店面，在放商品照片的时候，我犯了愁。苏珊拿着照相机冒了出来，她说：“帅哥，你当我的模特呗，我不嫌弃你的。”

我直接翻了个白眼。最后还是拗不过她，她淘宝店的衣服照片，模特都是我。把照片一张张设置好了之后，苏珊就跟没事人一样了。

因为，苏珊，压根儿不会用电脑！碰巧那段时间我不忙，几乎生意全是我在接，而她优哉游哉地继续经营她的实体店，敢情到最后这变成我的淘宝店了！

我也当作是实践吧，淘宝店开张不久，有别的网店店主找上我，问我衣服模特从哪儿请的。苏珊听说后，直接出卖了我，让我当别人的模特。

做模特挣的钱，比开淘宝店挣的钱多了几倍。

苏珊没良心地说：“真不愧是我儿子。”

现在的我和苏珊

高考我报了同省的大学，我怕苏珊孤单，只想离苏珊近一些。

那次，和苏珊一起在厨房捣鼓晚餐。苏珊随口问了一句：“帅哥交没交女朋友？”

我就笑，我说：“我不还有你吗，别人都当你是我女朋友。”

苏珊就急了，她说："你怎么也不解释？"

看她一脸的内疚样，我也不再调侃。我说："苏珊，我还不想找，我现在也没想找女朋友，多陪陪你不挺好？倒是有几个小女生送过情书，我给回绝了。啥时候我要追女孩子了，第一个通知你。再说了，哪有你儿子追不到的女孩子？"

苏珊愣了几秒，转身继续做饭，她说："帅哥你就自恋吧，就你这样有女孩子喜欢就不错了！"

我装傻打哈哈，"我这样还不是和你学的！"我忘不了苏珊转身前眼里的晶莹。

苏珊我会陪着你。

……

昨天陪苏珊逛街，我就那么搂着苏珊的肩膀悠悠地走，不是为别的，只要我一松手她就会四处跑。

苏珊还是那样像个小孩儿，看见漂亮的东西就移不开眼睛，等眼睛转到价格上又装作淡定地挽着我走开。

我看中了一条手链，很简单很普通，苏珊也爱不释手。付钱的时候，那个女售货员冲我笑，说："先生，您女朋友真漂亮。"我一脸无奈，是我长得太老了？

苏珊小女生样地红了脸，对着女售货员眨眨眼睛。

出了商店，我不客气地瞪着苏珊，我说别人恭维的话也信？

苏珊撇撇嘴，不置可否地说本来她就漂亮。

我一阵失神，在多久之前，苏珊也曾对那个男人这么撒娇吧。我不禁失声笑了，苏珊这性格，真是愁死人。

等我缓过神儿，苏珊在大老远处向我招手，该死的，又跑了！

反正高中时代苏珊就被当作我女朋友了，也不差这么一天吧。

我向苏珊跑去……

苏珊不倾城，没有他，还有郑微笑陪伴。

棠棣之花

画眠

从小我就觉得蓝江是讨厌我的。因为他从来都是直呼我的名字，就算妈妈把他拉到我面前指着我说“蓝江要懂礼貌，来，叫妹妹”，可蓝江还是拖长了音调蓝蒿蓝蒿地喊我。于是我也瞪着小黑眼珠叫他蓝江蓝江臭蓝江。

每当我对他直呼其名的时候，蓝江都会生气，说我没大没小，要造反。我说我不想造反，我只是很奇怪为什么蓝江可以不叫我妹妹但我必须叫蓝江哥哥。蓝江歪着头想了很久也没想出答案，索性两眼一瞪很凶很凶地吼我：“你必须叫我哥哥！”

后来，每当我冲着蓝江叫“蓝江”的时候，蓝江的眼神就会变得很吓人。于是我一哆嗦就乖乖地在蓝江名字后面轻轻加了“哥哥”两个字，喊着喊着就变成了“蓝江哥哥”。那段时间我看着很多同龄的小伙伴和我一样都在家被自己哥哥欺压着，于是我就得出了一个结论——哥哥是一种很霸道的动物。

蓝江的确很霸道。那时妈妈为了给我补钙特地给我订的牛奶就被蓝江喝了不少。奶被送奶工放在很高很高的草绿色盒子里，每天一袋，没有蓝江的份。早晨起床后我都会跑出去呆呆地看着妈妈踮着脚尖把奶拿下来，然后在蓝江羡慕嫉妒恨的目光注视下幸福地喝完。所以蓝江为了能不在我一脸嘚瑟咕嘟咕嘟喝奶时咽口水，就想到要在妈妈把奶取出来之前自己先取走。那几天妈妈还一直奇怪为什么送奶工没有送奶来，直到有一天妈妈看到蓝江正拿着一根长棍从盒子底部把奶捅出来时，气得不行。而蓝江接住从盒子里掉下来的奶后一转头就看见怒气冲冲的妈妈，吓得转头就跑。于是蓝江和妈妈就在院子里上演了真人版的猫捉老鼠。那一天我清楚地明白了那些本该属于我的奶都被蓝江霸占了，于是我指着蓝江得意扬扬的脸说："蓝江，你真不是个好哥哥。"

但蓝江也有霸道不起来的时候，就是蓝江站在郭大胖旁边的时候。郭大胖其实并不胖，相反，还属于长得瘦高瘦高的那种，皮肤黝黑，两道剑眉，是从小就敢对自家老子动刀的主。郭大胖一来，蓝江就立刻变得唯唯诺诺。我对蓝江说"蓝江你没骨气"，蓝江瞪了一眼理直气壮地说"妈妈说过打不过就不要惹祸上身"！我又被蓝江这一瞪吓得一哆嗦，我不明白为什么蓝江总能在我面前这么厉害，一遇到郭大胖就温顺得像小绵羊了呢?

但我还是不知天高地厚地把郭大胖给惹了。原因是我和他弟弟郭小胖玩游戏时，郭小胖耍赖，我就特凶狠地把郭小胖一把推倒在地上。很快，郭小胖糊着满脸的鼻涕眼泪把郭大胖找来了。郭大胖瞪着我问我为什么要欺负他弟弟。我没吭声，郭小胖糨糊一样的鼻涕眼泪让我联想到了冰箱里那半碗没吃完的藕粉，不禁一阵恶心。正想着，我就看见蓝江穿着他的奥特曼衬衫吧嗒吧嗒地跑过来了。我一瞬间就产生一种错觉，觉得蓝江就是他衬衫上的奥特曼，是来替我打败郭大胖这只"怪兽"的。我看着郭小胖得意地扬眉毛，怎么，就你有哥哥，我就没有?我嘚瑟地准备看蓝江怎么来英雄救美，结果却看到蓝江急匆匆地一把扯过我，吼我说："你怎么能欺负郭小胖呢！"我一下子就明白了，蓝江在郭大胖面前可是小绵羊呢，小绵羊怎么能逆袭大灰狼呢?

我内心愤怒的火焰已经点燃了——我的哥哥不帮我帮别人，什么世道！于是我果断甩开蓝江的手，指着郭大胖把从小到大听来的粗话像说顺口溜似的骂了出来，完了还意犹未尽地将手指头转向蓝江冒出一句："你也不是什么好鸟！"骂完之后觉得心情舒畅，我满足地一抬头就看见了郭大胖阴沉的脸，我又被吓得一哆嗦，心说完了，这郭大胖都能对他老子动刀子，那我……蓝江在旁边头也不敢抬，我乖乖地靠过去，伸手扯住蓝江的一根手指躲在蓝江后面。郭大胖阴沉着脸半天，冷冷地来了句："蓝江，挺带种啊。"就领着一脸"藕粉"的郭小胖回去了。我愣了半天，转过去问蓝江，这就完了？蓝江惊魂未定地点头。于是我就立马换上一副不可一世的面孔，偏头白了蓝江一眼说，没骨气，真不是好鸟！然后趾高气扬地走在前头。

而那天回家后，报复心极强的蓝江可能觉得丢了面子，于是抄起黑色记号笔，在他卧室门上写了几个大字——"不要和蓝蒿玩，否则后果自负。"完了乐颠颠地拉着还不识字的我读给我听，扬言要和我"绝交"。我一听就很没出息地哭了，满脸哀怨地去找大人告状。于是那一天的晚餐时间，当我坐在桌前啃鸡爪的时候，蓝江在客厅以"欺负妹妹和破坏家具"为由含着眼泪饱餐了一顿"竹笋炒肉"……

我们就这样扮演着冤家的角色一年又一年。暑假之前，我闲来无事就在QQ上和远在外地读大学的蓝江不停地聊《小时代》。我说："蓝江啊，我也好想要一套《小时代》啊，借别人的书看终究不如看自己的好。"蓝江不屑地说都看过了还买什么，我漫不经心地说："蓝江你不懂，我现在已经中了《小时代》的毒了，要不是我缺银子我早买了。"

很快暑假来临，我到车站去接蓝江。蓝江满脸倦容地从一辆灰头土脸的中巴上下来，我打着遮阳伞去拖蓝江的行李箱。我说："蓝江，你看我顶这么大的太阳来接你，快感谢我吧你。"蓝江白了我一眼，放下行李，把背上的黑色书包移到前面，说："蓝蒿，看哥给你带礼物了，快感谢哥吧你。"然后"嘿呀"一声像举着一摞砖似的拿出了三本厚厚的《小时代》。我一下子就呆住了，我觉得我当时的表现特别怂，我就愣愣地盯着蓝江说："给、给、给我的啊？"蓝江就得意地笑得像只土拨鼠似的说："不要啊？那我扔了。"我一下子就急了，扔了？开什么玩笑这可是白花花的银子啊。我就特没出息地夺过来，抱在怀里说

“要要要”。然后我一激灵，心想蓝江什么时候对我这么好了？无事献殷勤，非奸即盗！于是我斜了一眼蓝江说：“你干吗给我买啊，说吧，是不是有什么事求你蒿姐？”蓝江瞪了我一眼说：“求你个头啊，你是我妹我不给你买给谁买啊？收起你那假矜持的表情吧，脸都快笑烂了你！”我抬起头去看蓝江，看遮阳伞把一大块阴影投在他充满倦容的脸上，而蓝江满足的笑容却比伞外的阳光还要灿烂。

我发现蓝江要低着头才能躲在我的伞下，突然惊觉蓝江比我高出了那么多。我说：“蓝江啊，你还记得小时候我和郭大胖骂架吗？当时你怕得不行还替别人说话，然后我就顺带着把你骂了。”蓝江拖着行李偏过头，一脸惊讶的样子说：“有吗？怎么可能！”我好笑地点点头，蓝江就一脸质疑地说：“你记错了吧？再怎么我都该冲上去保护妹妹啊。”我愣了一下，仰起头来看蓝江。蓝江一脸认真和勇敢的模样，真的和软弱的小蓝江判若两人。我没道理地肯定就算现在有十个郭大胖，蓝江也会毫不犹豫冲过去挡在我面前，而不会像小时候一脸害怕地告诫我不要去惹是生非。

似乎就是顷刻间，我们就长大了。蓝江长得如成年男子一般高，熟悉的脸上带上了陌生的坚毅。他会容忍蓝蒿在他身边发发小姐脾气，会因为蓝蒿不经意的一句话而带给她惊喜。蓝江虽然偶尔还是会和蓝蒿斗斗嘴，但已从一个“不是好鸟”的小蓝江变成一个好哥哥。

我帮蓝江搬行李回卧室，突然像发现UFO似的喊：“蓝江、蓝江，你看、你看！”我手指着的地方正是蓝江当年愤愤写下“不要和蓝蒿玩，否则后果自负”的位置。几年过去了，门上的字迹已淡化。我转过去仰脸看站在窗口沐浴阳光的二十岁的蓝江。

疯子一家亲

祭 欢

老妈在镜前搔首弄姿，一会儿嘟嘟唇扮萌，一会儿又往脸上拍拍欧莱雅，然后目不斜视地问我："新弄的发型好看吗？"

我声不可闻地"嗯"了一声，继续盯紧《熊出没》。她不屑地哼了一声，颇为得意地用一个粉嫩嫩的发夹将额前的刘海儿夹住，摆弄完她那高贵而不失奢华的发型后，她又将自恋的目光投向镜子中她脖子上金光闪闪的项链。

"好看吗？"她关掉电视，笑嘻嘻地看向我。我故作惊艳地点点头，继而羡慕嫉妒恨地看着她。

女人真是可怕的生物！

"你爸真小气，赞助这条项链的钱才三分二，还得我再补上，要不你怎能看到如此珠光宝气的我呢，哎呀呀呀……"

我强忍住"你够了"这句包含我复杂情绪的三个字，并用惊悚的目光瞥了她一眼，她还好意思说老爸，这都不知道是第几次让老爸赞助了。

不过，老爸掏钱时心中也是痛并快乐着的吧？我忍不住勾起一抹笑，老妈满意幸福的表情像是我心里一团温暖的氤氲，一点点地扩散直至四肢百骸。

一个月前，我还是单亲孩子，还在为老妈能不能回家过春节而忧心忡忡。老妈对我说，她不喜欢回来是因为害怕面对周围邻居和三姑六婆狂轰滥炸无比强大可怕的八卦，而最重要的是父亲冷漠的眼神和家里尴尬的氛围。

按理说父母离婚这么多年，我和弟弟也早该决定判给谁了。奶奶、爸爸、妈妈都曾私底下问过我“你要跟谁”这个无比讨厌的问题，难度系数媲美“爸爸妈妈掉下河你先救谁”……然而我只是一如既往笑而不语。奶奶说，爸爸妈妈谁先找到另一半，我就给还没找到另一半的那一方。

真是复杂而讨厌的规定！

老妈离婚前夕还远在外地，她打电话问我：“如果我和你爸离婚你会伤心吗？”

我怎么能不伤心？

但这句话我只是在心里无奈地对自己说，与此同时脑海里闪过无数画面。

那时候爸爸狂爱赌博，将我们家里新买的大卡车都输掉了。后来他彻夜不归，第二天回来时人已经烂醉如泥，他不言不语，一个劲儿往楼上爬，我和妈妈吓得赶紧拉住他，他一次次地甩开我们的手，终于他的力气消失殆尽，软软地瘫倒在妈妈怀里，像个小孩子一样哭泣，断断续续地说：“我真没用，养不活你们，我还是去跳楼……”

说着踉踉跄跄地继续往楼上爬去，却终于挂着泪痕睡了过去。

这段记忆怕是永生难忘了吧。我听着电话里妈妈紧张的声音问道：“妈，你还爱他吗？”其实我早该知道，妈妈的性子是向往自由的，她喜欢城市快节奏的生活。毕竟她还十分年轻，生我时也不过二十岁，那时候，可能也才三十岁呢。

“不爱了吧？”电话那边沉默了许久。

“那便离了吧。”我笑着说，“反正你们永远都是我的爸爸妈妈，只不过分居而已。”其实我很感动于她能够来征询我的意见，妈妈也是单亲家庭的孩子，她深深地体会过那种孤独无助的心情，只是婚姻的羁绊、躁动的内心以及任性不懂挽留的我，终于还是让他们离了婚。

离婚以后，母亲一年才回来几次，父亲也变得沉默寡言。曾经他就像是我的好兄弟，像孩子一样陪我玩，从不打我骂我。就算我总是玩坏他的宝贝剃须刀，扯痛他的头发，将他新买的毛衣烧出一个大窟窿，他也不生气，只是瞪大眼睛吓我，张开双臂装作要追我的样子。他爱骑着他的破摩托载我去兜风，还给我唱不伦不类的改了歌词的儿歌。我给他扎小辫子，坐在他的腿上荡秋千……

奶奶问我："你知道你爸妈离婚了吗？"我说我知道。她问我怎么知道的，我说是我让的，反正他们天天吵架，还不如离了呢。

我至今忘不了奶奶震惊失望的眼神，是我一手制造了她的孤独，这个家死一般的冷漠寂静，所以上天惩罚我，将我认为理所当然从不珍惜的极致父爱收了回去。

母亲不在家的日子里，我除了读书就是待在房间里，生怕一出去就会遇到可怕的八卦熟人。倒是父亲，他重新爱上了音乐。当初他为了妈妈放弃了音乐，妈妈不喜欢音乐。

他除了工作终日在房间里嘶哑着嗓音唱悲伤的老歌，以至于我耳濡目染也爱上了老歌。不管是《梦醒时分》《相见恨晚》，还是《藕断丝连》《最熟悉的陌生人》……都让我疯狂地着迷，总是唱着唱着眼泪就掉了下来。我不仅继承了父亲得天独厚的艺术细胞，还继承了他的恋旧情结，沉湎过去。

母亲一人孤单地在喧嚣的城市奔波疲劳。我也曾去看望过她，一间十几平方米的小屋子，简单而干净，却能在早晨时容纳一屋阳光。晚上我们相拥而卧，说一宿的悄悄话，泪水伴着发丝覆盖了枕头，湿润地贴着脸颊沉沉地睡去。

母亲总是不厌其烦地问我："你伤心吗？你恨妈妈吗？"

我想，再热爱自由再强悍的人，心也总有累的时候吧。

整整几年的时光，他们就算碰面也从未说过一句话。2014年，他们时隔多年的对话终于在他接她回家的路上诞生了。到家后话越来越多，这让我暗暗欣喜。书上说，婚姻生活中，必须一方为狐狸，一方为猪，这样双方才不会累。当我讲给老妈听的时候，她很嘚瑟地捅了捅老爸的脑门儿说："你是猪哦。"

猪永远只能被狐狸欺负，但猪却傻傻地乐在其中。

此时，老妈正在抱怨老爸的歌声影响到她的睡眠，据我所知，这个时候已经中午11点了。老妈一脸不爽地起床，我还在孜孜不倦地赶稿。老妈说："今天全家去烧烤吧？"

我点点头，老爸的魔音又传了过来。老妈听得五官都纠成了一团。"真难听。"她嘟囔了一声跑去擂老爸的门，声可震天——

"你是疯子吗？一天到晚哦哦哦！"

"我是疯子那你就是疯婆子！"

我咯咯咯地肆意大笑。

"笑什么！你就是疯孩儿！"老爸吼道。我抽了抽嘴角，心里却暖如阳春。

老爸关掉电脑，对老妈嘿嘿傻笑，"不唱了，不唱了。"他说。

我孩子气的爸爸回来了。这也得感谢老爸为老妈买的一堆金子成功地将"贪财"的老妈拴在了身边。

我向窗外望去，阳光覆盖了整片大地，真是一个适合爬山烧烤的好天气。一场寒雨过后，阳春可是真正来了呢。

宏生，宏生

蒋一初

宏生是我们的语文老师，我们经常肆意省去他的姓氏在暗地里偷偷叫出他的名字。多年以后再遇见宏生，我们应该会勇敢地冲上去重重拍下他的肩膀，像久别的老朋友那样喊出："宏生！"那时，我们一定会笑得直不起腰来。

这就是我班主任

一个礼拜二的下午，我被分到宏生的班级。他把我叫出去谈话，他一直在对我讲话，我一直"嗯"。

他讲的两句话我记忆犹新。一句是：在这个班就是学理的。第二句是：没有什么困难是爬不过的，过去了就会发现，我竟然过来了！

很遗憾，我没有爬过困难那座大山，所以我学不下去理科了。

很萌很霸气

宏生笑起来是很萌的，想笑又憋着不笑的样子更加有喜感。我们都说宏生不记仇，就算批你批得再狠，下次照样对你笑。相比有些老师喜欢新账老账一起算、快乐的日子里给你揭伤疤的习惯，我们在背地里还是高度赞扬过宏生的。

高一的时候，只要早上第一节课是语文课我就要打瞌睡，一定打瞌睡！必须打瞌睡！

我用过很多方法防止眼皮打架：涂风油精时，先涂太阳穴再涂人中，最后直接往嘴里倒。可是这还是不能阻止我想睡觉的热情，于是酿成了一场同桌说一次笑一次的悲剧。

那是春天，早上8点钟太阳出来照得空气都是暖的，我被这温润的空气包围着，眼皮一下又一下地相互拥抱着。太困了，我的眼睛眯成了一条缝，模糊地望着语文书。宏生就站在我身边讲课，我一下子不知道哪根筋搭错了，扭头对着宏生灿烂一笑，同桌傻了。

后来宏生让我们看文言文注解，我眼前的一切又都成了线状。

“醒醒！”宏生拍了拍我胳膊。

我还没全醒：“我看着呢啊。”

“闭眼睛瞎扯……你看见什么啦？”我明明看见宏生那张想笑又忍住不笑的脸了。

课后同桌拍着桌子笑，她说宏生从我眼睛闭起来开始就站在我身边叫我醒醒。

我说：“我眼睛是睁着的。”

同桌说：“你当我们瞎了吗？”

啊……原来我一直在用我的意念听课啊……

我们也是读过几年书的

上宏生的课我们总觉得自己无知得可以。一般对话是这样的——

“这句诗你们说，在哪里学过？”

“没有学过啊。”

“什么？这你们都不晓得？怎么搞的哟！”

“是你知道的太多了！”我们小声抗议。

宏生张口就是唐诗宋词，各种典故被他玩弄于股掌之间，我们除了张大嘴巴佩服和惊讶，根本没有办法做其他表情。久而久之，我们就觉得我们根本没有念过书，似乎什么都不知道，但是不对啊，我们明明是念过书的，有十年了！是因为宏生太博学，而不是我们太无知，这是最好的解释方法。

宏生批改作业很认真，每篇周记和作文都会写很长的评语。我觉得他就是我的伯乐，他说我的文字在不断地进步，除了他，任何老师都不曾说过。

所以我一直坚持写作，即使是写给自己看，那也是坚持下来了。

都很想念他

我是从理科班分离出来的文科生，然后和其他文科生重新组建了文科班。原班级就在现班级的隔壁，我经常能听到宏生在隔壁讲语文课，依旧那么有激情。和我一样被分出来的同学都说，有点儿想宏生了，想他上课的那种氛围。

想，才是正常。

前些天我跟宏生打了招呼，他笑得依旧很灿烂。

温元叔叔

衔猫

温元叔叔不知怎么搞的，把他那辆二手摩托车开得像火箭，冷风把坐在后面的我吹得够呛。他沉默地超越一辆又一辆汽车、摩托车还有自行车，好几次险些撞上别人的车尾，害得我的心紧张得蹦到了喉咙上来。不过说真的，他年轻时也算是那种“风一样的少年”，十四岁就开着一辆破旧的老式摩托车每天跑二十公里路拉五十公斤花生到镇上去卖，现在依然宝刀未老，技术和胆量都还在，一路上有惊无险。到车站时他猛地一刹车我差点儿摔了下去，幸好抱得紧。叔叔开车太猛了。我想起他第一次载我的时候说：“车呢，多快我都能开，现在咱慢慢来，好有时间让我跟你说说话。”

其实我可以坐我朋友爸爸的汽车去学校的，在我叔叔回来之前一直是这样，但我爸不知道，他一直以为我是搭十块钱的摩托车去学校的，所以就叫叔叔载我了。在路上我总会遇到同学，有些会从汽车里伸出手来跟我打招呼，我并不觉得丢脸，虽然叔叔的车头掉了一大块漆，他说等蔬菜成熟拿去卖钱了就会补上。

他听说我成绩退步无心向学后给我讲了一大通道理，我相信全世界像我一样年轻的年轻人几乎都讨厌听大人讲大道理，但我喜欢听他讲，因为他没有太多教训或刁难我的意思，更像倾诉，他跟我说起这二十多年他在外面如何闯荡江湖：白手起家、艰苦拼搏、苦尽甘来、肆意挥霍、妻离子散、落叶归根。

有一首诗我爸带着我回到湛江的那一年念过给我听："少小离家老大回，乡音无改鬓毛衰。儿童相见不相识，笑问客从何处来。"

温元叔叔回到家乡的那一天，我爸带着我去他家。我看到一个穿着黑色长风衣的男人站在一口井旁抽水，地上放着一个棕色的老式旅行箱，箱上坐着一个盘着圆发髻的眉目温婉的中年女人。我怯生生地叫了他一声"温元叔叔"，他咧开嘴笑了，这个笑容带有一股风尘仆仆的气息，既似抒情，又似感慨。那一刻我想起了一首粤语歌，《万水千山总是情》，清甜的女声自记忆深处缓缓飘来，那是一种在如今的流行歌曲里消失了的悠扬，真正懂得缠绵为何物的人容易被它感动。他说："阿四啊，小君都长这么高了，我们老咯。"我真高兴他还记得我叫小君。他从口袋里掏出四张十元钱，让我去买几个灯泡和一包烟。不知是因为寒冷还是快活，我在公路上奔跑了起来。

我的叔叔回来了。这真好呀。

在我爸的五个兄弟中，我最喜欢温元叔叔。在我还不知道温元叔叔长什么样的时候我最喜欢的就是他了。他最重兄弟情义，他最孝敬父母，他最有生意头脑，我小的时候他们都是这么说的。他跟别的叔叔不一样，他跟很多人不一样。虽然他的结局不是衣锦还乡，但并不影响他在我心里的传奇。

他是村里最早出去打拼的那一批人，他赚了很多钱，又输掉了所有钱；他最早在村里盖了一栋三层高的小洋房却常年空着，因为他那神经脆弱的老婆被他的女儿接去了别的城市……

我爸在中山做生意的时候，我在市场上见到一个卖鱼的男人，他长得很英俊，他对我笑，还对我说："丫头，地滑，小心别摔着了啊。"那时候我才六岁，我产生了一种荒谬的错觉，觉得他就是我的温元叔叔。于是我跑去问我爸："那个卖鱼的叔叔是不是温元叔叔？"我爸说温元叔叔在珠海做生意呢，我不相信，或者说不甘心，我又去跑去问那个卖鱼的："你是温元叔叔吗？"他边杀鱼边好笑地看着我："小丫头，你认错人了，我不是温元叔叔。”别人如何懂得，我并非“认错”，因为那时候连温元叔叔长什么样子都不知道，他以一种气息存在于我的心里。那个错觉持续很长一段时间，导致我老叫我妈买鱼煲汤。

我是听着温元叔叔的故事长大的，在我心里，他象征着远方、激情和梦想。这几年来，我听到了一些坏消息：温元叔叔的生意一落千丈，温元叔叔把车卖掉还债，温元叔叔和他儿子打了起来……

现在，他回来了。

他回到了我们这个荒芜落后的村庄，他回到了这片生生不息的海港，他回到他那栋尚能证明他辉煌过的小洋楼。他拖着疲惫的身躯，眼里尚残留着往昔的温情。我知道他们说的都是对的，我知道他们都没有说对。

我爸烧菜，我去买酒。饭桌上两个大男人三杯酒下肚足以酝酿出一整个香醇浓烈的曾经，当他们聊起那些意气风发的光辉岁月，他们拍案而起，他们唾沫横飞。恍惚间，生命中最潦倒的快意和最沉重的生活在同一张餐桌上狭路相逢，我们都有些心酸。

是的。你是一个英雄，一直都是。我真的不是安慰你才这么说。

外婆的港湾

爵 醒

她想到外婆了。

妈妈一边做家务，一边擦着泪，故意背对着我。但她嘴里又不停地重复着，“你外婆是个好人。”没重复几遍就没声了。

窗外的点滴细雨打在阳台铁隔板上发出清脆的声响，风带来一丝丝微凉。

其实在外婆去世不久后，我就很想写点儿东西来祭奠。可每每刚提笔写了几句，思绪便被切断，无尽的悲伤从心底向上涌，猛烈冲击着脑膜，脑海里预备的文字碎了一地。等到再回过神儿来时，破散的记忆便再也无力凝聚了。不是不愿意写，而是想说或想写的东西太多，不知道该从何说起，我也不确信自己是否能将那些点滴画面拼凑得完美得体，所以总是刻意回避。可能我的确是一个不具备能力将自己感情表达清楚的人。

外婆走了快一年了，记得去年，也就是过年前几天，爸妈带着外婆辗转了几家大医院，最终确认了病情无法挽回。医疗设备的先进没能拖住即将燃尽的灵魂，药物支撑一个月后，外婆再也无力反抗了，在即将闭眼之际被送回了自己的故乡。

妈妈说：“你外婆走得很辛苦”。虽然我并没有跟着外婆去北京，没有在她临走前陪伴在她身边，没有紧握她的手和她一起坦然接受死亡，但我能够想象。因为爷爷是在我身边去世的，我目睹了一个衰老生命消逝的过程。所谓药物支撑你也许想得太简单，它并不是单纯地吃药、打点滴或是伴随手术。当你的生命是靠药物支撑时，你已经在鬼门关检票了。药物停止的时候也就是你呼出最后一口热气的时候。那时爷爷被禁锢在病床上，倒不是因为中风或是残疾。是没有肉了。所有的营养都快被消耗尽了，全身皮包骨头，整个人倾斜地倚在病床上，戴着氧气罩，一瓶营养点滴，一根输尿管。我们握着的是他冰冷的手，温暖不了他全身。我畏惧他翻身，因为爸爸给他翻身的时候，我就能看见那柴棒似的胳膊和小腿。他的眼睛间或一轮，微微泛白，喉咙不停地发出因有淤痰堆积而嘶哑的声音。他此刻拥有的除了我们的陪伴，就只剩下显示器上的呼吸、心跳和血压。是的，这三样是生命状态的标志。等到他的嘴巴张得很大，吸进的氧气越来越多，呼出的越来越少，直至最后只进不出，那显示器上波动的线条稳定成一条直线，从“嘟嘟……”到“嘀……”我知道，爷爷的灵魂已经飞走了，家人的泪再多，哭得再怎么撕心裂肺也无济于事了。从那时起，我就认识到，死亡太可怕，它可能让你面目全非。

外公外婆是七八年前从新疆来到我家并长期定居的。外公外婆的到来让家里充满了幸福的味道。外公早起锻炼身体，然后坐在椅上看报；外婆早起浇花浇草，然后为我们准备早餐。外婆包揽了家里的一切家务。她总是那么不辞辛劳，我们的日常生活被管理得井井有条。

每天都可以看到外婆在厨房忙碌的身影。将青菜一遍遍洗净，接着用漏子漏干，“嗞啦”一声倒进锅里，然后不断翻炒，在雾气腾腾中，她会小心翼翼地用铲子蘸一点儿汤汁尝一尝，口味适中了才心满意足地端到我们面前。

就这样，外婆默无声息地陪我走过小学、初中，还有刚刚起步的高中。

得到的总不知道珍惜，这可能是我们大多数人的通病。时光就是沙漏，那细微的时间沙粒明目张胆地从你的指间拼命往下渗，你只能眼睁睁看着，却束手无策。

少了往日的嘘寒问暖，少了美味的爱心早餐，不会再有人为了自己想吃的某样零食走很远很远的路买回来；不会再有人深夜了，为了陪自己，依旧耐心地做着针线活；不会再有人将自己的每一件物品擦拭得洁净透亮。我突然变得异常敏感，对家里的每一件物品、手里的每一件事都抱有一丝丝怀疑，然后我慢慢发现，外婆早已渗透进我们生活的点滴了。她在家里每个人生活中都负责着一小部分，但就是那一小部分，失去之后，便让我们一个个都变得粗枝大叶，做什么事都心不在焉。

我们会忘记给花草浇水，家里的万年青叶片不再肥厚，吊兰花也呈现一副枯萎的姿态，小葱、大蒜也在长时间的风吹日晒中变黄，然后烂掉；我们堆积的衣物越来越多，终于假期了，妈妈干脆一箩筐全倒进洗衣机里面，一按按钮，就去忙了，于是大半天我都有洗衣机美妙的呼声陪伴；我们的饭菜亦变了模样，少了以往的清新淡雅，更多的是老爸从饭店带回来的残羹冷炙，在微波炉努力地加热后，浓烈的酒精气息便扑鼻而来，一顿饭，吃得醉醺醺。

我经常躺在床上发呆，呆呆地怀想那些有外婆身影的日子。

外公早起的习惯没有改变。清晨他捧着晨报，时常看着看着就呜咽了，然后又手忙脚乱地用纸巾擦拭，生怕让我们看到。外公是一个珍重感情的人。在得知外婆病情后便独自一人躲在阳台抽泣。外婆被送往北京某大医院的前一个晚上，外公的一只胳膊几乎是抱着外婆睡的。外婆走后，他在新疆做了一个肺部手术。当我再看到他时，他已不再如以前一样精神抖擞，瘦弱了许多，声音也变得嘶哑、纤细，就像经历了一场浩劫。

记得外公外婆一直喜欢做一件事——晚饭后手牵手去散步。我也经常跟着去，去听他们谈论旧人旧事，一起看星辰月光，一起谈笑。我们呼吸着青草绿树的气息，伴随知了的鸣唱，踩着梧桐的枯叶，背景是飘落的雪花。那些珍贵美好的画面时常在脑海浮现，就像平静的水面，手指轻轻一点便会泛起微波，那种感觉忽近忽远，似是而非。

外婆有着温柔和蔼的笑脸，一头梳向脑后的短发，微笑时会露出她整齐洁白的牙齿，那是她独有的，并非每个老人七十多岁还有一口好牙，她会双手放在围裙上擦一擦，然后帮我理一理衣领、衣角，捏一捏我的鼻子，拍拍我的肩，说："上学去吧。"

我想您了，真的。

每当我的生活乱得一团糟，我都会莫名发火，气急败坏时干脆给自己两个耳光。也许是我很懒，学习总是拖拉，生活上也不能将自己安排得很好，然后在一波又一波惆怅的苦水中迷失方向。我知道，我不可以这样。马上就要期末考了，我虚度了大半学期也该重新整装待发了，不能每次都辜负了自己。妈妈说，您葬在故乡大山里。她用手机拍了一些照片。那里很美，一簇簇茂盛的油菜花，沿着坡面一路向下，散发着金灿灿的光芒，我还看到有温暖的阳光。我在心底默许，高考结束第一件事就是收拾好自己的行囊，去您故乡。

这是2014年的第一篇文章，我写给您——我最亲爱的外婆。

我不想花大笔墨去歌颂赞扬，我更愿保留那份最真实的美好，将它珍藏在最柔软的心底。我知道，您在天堂过得很好，您会注视着我一路前行……

我永远是你的小跟班

垃圾兽

吃着绿豆冰淇淋，小跟班又想起你了。

你身上总有股与生俱来的王者气息，所以从小我就习惯跟在你身后，服从你所有的命令，做一个听话的小跟班。

你带我捏泥巴，捏成小人、锅铲、沙发、桌子……你还会捏电话，骗我傻乎乎地对着它讲一大堆话。

冬天你会带我到河边抓鱼。你说，一到冬天，鱼就会变笨，会乖乖留在河边等我们抓。

一起拍的照片，你骗我们说，照片一般都是归年龄最大那个人的。但是，我们的单人照，你压根儿不让我们知道，结果照片都归你了。我只拿到丑丑的几张。

你会载着我招摇过市，吃很多种口味的冰淇淋。

下雨了，你会满不在乎地割蕉叶当伞一样用，大摇大摆地遮着我回去。

一起做错事，你永远是挨骂的那一个，听外婆数落，还会顶撞几句。

你上学了，我哭着喊着要跟你一起去。你说不可以，然后我就乖乖留在家里。

你很聪明，拿了满分，还有大红的奖状。你会把老师教的儿歌一本正经地教我，会拿着电子琴弹音乐书的歌。妈妈说，要向你学习。

你不知道我有多神气，总跟小伙伴吹我有一个了不起的表姐，嘴里、眼里都是满满的自豪。

你二年级的时候，舅舅把你转到了很远的地方念书，好久不会回来。

你走的那天晚上，我拿着你落在我家那套黄色的睡衣一直抹眼泪。一遍又一遍地弹你教我的《小猪健身歌》，吃你喜欢的绿豆冰淇淋。

你不知道吧，真的很想你的时候，我会把被子卷成一卷，然后给它套上你那套衣服，跟它说好多好多话。幸好你不知道，否则你又要骂我白痴了。

每次放长假你回来，依旧带着我们东西南北地逛，吃东西永远你付钱。

暑假的时候，你求舅舅把你转回来，舅舅没答应。我关上门躲在房里哭，捂住嘴巴不让你知道。我怕你骂我没出息、爱哭鬼。

慢慢长大了，早熟的你放假很少跟我们玩闹在一起了，我也习惯了没你的日子。

我读四年级的时候，你突然转学回来了，我很兴奋地去找你。可是很多时候你对我说的话就是“幼稚”“大人讲话小孩儿不要插嘴”“你什么都不懂”……你喜欢非主流，穿得很时尚，谈吐开始不文明，认识了很多我不喜欢的新朋友，会跟外婆、舅舅吵得很凶，几乎不理我了。你离我远了。

第二年，妈妈一脸严肃地告诫我们，不要学你，你学坏了，跟男孩子关系不正常，还顶撞老师。我妈当年还叫我向你学习呢，多讽刺。

学校总有人对你冷嘲热讽，传到附近的中学竟然被别人说成你怀孕了，我疯了似的骂他们。

我知道你没有，你叛逆、冲动，但是你做事从来都很有分寸，我信你，一直很相信你。

可是你怎么了？明明作文一等奖、数学依旧满分的你怎么就成差生了呢？你怎么会辍学了呢？

周末我回家，妈妈跟我说，你休学了。我诧异。

原来你又跟舅舅吵架了。你的班主任向舅舅告状，说你骂她。舅舅问你的时候，你向他吼："谁叫那女人骂我老公！"舅舅火了……你赌气不去念书了，后来，真的不念书了，你手机永远打不通，发短信也不回，我不知道发生了什么。那段时间，谁也不敢提起你，我知道外婆老了，她不能再受刺激。

你工作了，和所谓的男朋友同居。很少很少回来，过年也是。

打电话给你的时候，我半开玩笑说，你回来读书啊，跟我同级，我教你。你也笑笑说，好。我知道这不可能，却还是傻乎乎地一天天期待着。

我无意中听到，电话那头你对他说，给你留点儿榨菜。鼻子立刻被熏到了，他这么没本事你还跟他，他凭什么让你吃那么多苦。

写这些字的时候，我已经不记得多久没见过你了，上次在QQ上我问起我们小时候那些照片。你说，都保存得好好的，在你房里，喜欢就去拿。我不想去，你应该霸道地说都是你的，我不准拿。

前些日子，你问我的中考成绩，知道我考差了还安慰我。我冷笑，你还关心我吗？关心我你就回来呀！你不知道我落榜的时候难过得都快死了吗？我叫你回来，快回来。你个大骗子，上次明明说7月回来的，现在都转年的1月了……

逛你空间相册，我发现你和他笑得很开心。我想，你是幸福的。他敢抛弃你，我一定飞过去狠狠扁他，往死里打。

因为你是我老大，我不会让任何人欺负你，谁都不可以。

老大，你知道吗，小跟班长大了，不那么爱哭了，而且，小跟班也有了一群听话的小跟班。

但她永远是你的小跟班。

味　道

木　娅

小时候很喜欢吃父亲做的菜，每到周末他总是热衷于创造各种新菜式。因为他给我炸鸡腿吃，我送了他一个“肯德基大师”的称号；后来他又从超市里给我买速冻薯条给我做着吃，我又送了他一个“麦当劳大师”的称号；后来父亲不断变换各种花样，我的颁奖仪式也一直进行了下去，却总觉得自己愈发词穷，想不出那么多称号能给父亲安上，可父亲的新菜式却依然在继续，每周看着我在餐桌上的狼吞虎咽，等待着我的一句豪爽的“好吃”。他穿着那条滑稽的花围裙，伸出两个手指来捏我肉嘟嘟的脸蛋儿，手指上还残留着刚出炉的菜的热腾腾的香气。

有时候他下班回来，手里总抓着些我没见过的新鲜玩意儿。有时是几本图画故事书，我如获至宝地接过，放在嘴边重重亲了一口，一股浓重的油墨味窜入我的鼻腔，我却乐得不行。有时是一管巧克力味的牙膏，从此早上起床，我都要比平时在镜子前待的时间更长，一边刷牙，一边品着嘴里甜丝丝的牙膏。

父亲和我都爱吃冰，小学毕业的那个冬天，父亲带我去烈士公园看雪。我们在游乐场旁边的小铺子里买了两根蒙牛的大奶糕，一边咬下绵软而冰凉的冰棒，一边从嘴里喷着白雾，看着从身边走过投来异样眼光的人，我们俩相视一笑，好像进入了只有我和父亲才能懂的世界。我总喜欢黏着父亲，因为他就像兜售奇妙味道的魔术师，不断地在我的世界里加入各种新奇的体验。

后来到了高中，或许是父亲带给我的惊喜越来越少，或许是我渐渐忙碌了起来，我的生活趋向于三点一线的枯燥，感官也被作业磨得日渐麻木起来。除了饭桌上短促的交谈，我和父亲基本上没有什么交流。每天晚上放学回来，父亲总是拉开厨房门探出一个脑袋冲我笑，问着今天怎么样之类的老问题，一股熟悉而呛人的辣椒味顺势从门缝里溜了出来。可我的回答却越来越简短，除了抱怨学业的繁重之外，更多的只是“嗯”“啊”之类的语气词。

高考结束后暑假的一天傍晚，我在房间里玩电脑，一直等到父亲下班回来招呼我，我才懒洋洋地从游戏里回过神儿含糊地应他一声。等我坐上桌，桌上已经摆好了那几个烂熟于心的菜。看着那盘辣椒太辣、肥肉太多的辣椒炒肉，我摸摸脑门儿刚冒的小痘痘，突然觉得略显油腻。日复一日的辣椒炒肉，仿佛和学校的作业一样无趣，我无精打采地耍着筷子，任凭那熟悉的味道机械地填充着我饥饿的胃。父亲却说：“辣椒辣，肥肉油多，炒出来才有味道。这汤泡饭，简直绝了！”眼看着他要把碗底的油往我碗里倒，我连忙制止了他。他有些懊恼地放下碟子：“我血压高，不能吃这油腻的，唉，可惜了！”他看着桌上的小白菜，献宝似的说：“看我炒的这青菜，颜色多清淡，干干净净的。”我早已习惯他变得如此话痨，只是低头吃饭，他一个人自言自语显得更加诡异。这单口相声一样的场面似曾相识，但我突然又记不起来在哪里发生过。我抬起头跟他说：“今天要去做按摩吗？”父亲摇了摇头。“上次跟你说的那个复仇者联盟，我下了高清版本，晚上一起看吧？”父亲点着头，口里含着米饭含混不清地嘟囔出一个音节。我当他是同意了，在晚餐结束的时候格外麻利地帮着父亲收拾着碗筷。

晚饭结束后，我和父亲窝在沙发上开始看片。我给他泡了一大杯铁观音，他乐呵呵地接过去喝了一口，捧在怀里。大概放到快一半，蓝眼睛的雷纳变成反派再次出场的时候，我捂着嘴花痴地傻笑了几声，等意识到自己的动作时，下意识地转头看父亲的表情。可是父亲已经眯着眼睡着了。他歪着头微张着嘴，还未漱口的他随着呼吸喷出带着异味的气息。不知道是不是因为和他一直待在一起，我并未嗅出他身上的烟草味，反而是他腰上的刚喷的云南白药的味道浓郁地散发出来。

那天夜里，父亲看向落地窗外，突然说："你觉不觉得睡在这里就像睡在阿拉伯飞毯上？"我在那张本来就窄的沙发上挨着父亲躺下，"嘿嘿！真的像飘浮在空中一样！老爸，你这占尽天时地利了，我也要睡阳台！""傻孩子，阳台风大，把你吹坏了你老妈可又要训我咯。"

进客厅前我回头看了一眼给父亲泡铁观音的茶杯被放在脚边，棕色的液体已经下去了一大半。我抓过来喝了一大口，看着父亲偏在一边的头有些失望，赌气似的去捏他的鼻子，他却从嘴里憋出一股气来。我又把他的嘴唇拉到一起，可那股气又从我手劲略松下的鼻子里跑掉了。母亲关了电脑走过来，看着父亲熟睡的脸，对我抛下一个"你自作多情"的眼神，有些困倦而不耐烦地开口："叫他赶紧睡去吧，躺这儿还等谁给他盖被子啊。"她迈着小步回卧室去了，我看了看阳台沙发上叠放的整齐的被子床单，从沙发上直起身。由于母亲嫌父亲打呼噜吵着她，便一直让父亲一个人睡在沙发上。按照父亲往常的步骤，我把折叠沙发拉开，铺平床单，放好枕头，又把被子掖好角，这才回到客厅里。

我想起站在刚搬来的新家的阳台，对面的江上除了一盏探照灯缓慢地摇摆着向空中投去惨白的光柱，四下里都是一片浓得化不开的黑。我突然发现这个阿拉伯飞毯并没有想象中的那样美好，它载着父亲，一个人飘浮在漆黑的夜里。

看着父亲长手长脚地摊在沙发上，我拍拍他的脸，又使劲推了推他圆滚滚的肚子、肩膀……父亲从鼻子里哼了一声，慢慢地睁开了眼。他迷茫的目光对上我，又瞄了一眼电视机，有些尴尬地摸了摸稀疏的头顶，"每次一坐在这沙发上就想睡觉，咱家沙发肯定有魔力……"我点点头，"床给你铺好了，你去睡吧。"父亲瞅了眼阳台，咧着嘴哑着嗓子笑，"小样儿，还真懂事。"我拉着他的胳膊将他从沙发上拉起来，嘴里还说着："慢点儿慢点儿。"

父亲慢慢地走去洗手台漱口，回头看了我一眼，“我今天吃降压药了吗？”我想了想，然后点点头。父亲回到沙发上钻进了我铺好的被子里，见我还站在客厅里，说了句：“早点儿睡吧，晚安。”

我点点头，按灭了头顶的灯。听着阳台很快再次响起的父亲的鼾声，我突然没来由地憎恨起那片窗外的黑，仿佛它夺走了我那个独一无二的父亲，却只还给我一个平庸的老人。

我想起了父亲饭桌上的喋喋不休和他越来越差的记性，还有他的铁观音，他的烟，他越来越单调的菜肴，越来越厚重的药膏的味道。我仿佛看到了我很久未曾去看望的姥爷，他那一桌我吃腻了的小炒黄牛肉，他从衣服里露出半边的那一贴好多小孔的白色膏药，他柜子里成条的芙蓉王和成罐的绿茶。不知怎的，脑海中两个人的影子渐渐重合在了一起，并离我的世界越来越远。我突然莫名地恐惧起来，好像一直宝贝一样揣在兜里的水晶，不知何时变成了所有小孩儿都有的玻璃地摊货。我突然发现，父亲身上愈发平庸而惯常的味道，名字叫衰老。

门外的爸爸

亚小诗

女孩儿开始懂事了之后，有了管事唠叨的妈妈，无话不谈的女闺密，甚至体贴入微的男朋友，爸爸就渐渐站到门外去了。

我上初中的时候，大部分同学是寄宿生。还记得那是一个冬天，天气很冷，学校住宿条件一般，寝室里没有热水器，要洗个舒服热水澡的话，需要跑到挺远的地方去接上几瓶开水才行。班上有个家境不错的女生，他爸爸或妈妈每周来看她一次，家长来的时候，就是她的洗澡日，父母帮忙拎开水，然后把她的脏衣服带回家去洗。那时我们都很羡慕她。

那次来的家长是她的爸爸，寝室同学都吃饭去了，寝室里就他们父女，她洗澡的时候，爸爸就在寝室里坐着，无聊地翻翻文摘杂志。忽然，洗手间传来她的哭喊声，原来是女儿不小心滑倒了，背朝下整个人磕在厕所的台阶上，背部被台阶的边缘划出好大一条口子，疼得哇哇哭。爸爸听见哭声，赶忙过去，正当爸爸要拧开厕所门把手的瞬间，她却边哭喊边说："爸爸你不可以进来！"是啊，初中生，早已经知道男女有别了呢，即便是危急关头，也把作为男性的爸爸算在有别之列，于是，爸爸尴尬地站在门外干着急，没办法，只得去敲了隔壁寝室的门，请了个他压根儿不认识的女生来当救兵，进了厕所把女儿扶起，帮她换好衣服，这才送去医院。

这件事我不在场，是隔壁寝室去帮忙的女生讲给我听的，女生嘴碎嘛，这种事传播起来还是蛮快的，全班甚至隔壁班都知道了。调皮的男生甚至会在见到当事人的时候，在走廊里学着她夸张地喊上一句“爸爸你不可以进来”，逗得别的男生咯咯笑，她却气得满脸通红，直抱怨被帮忙的女生出卖了。忘了当时我的立场是什么样的，大约也是觉得挺搞笑吧。

现在回过头想想，如果同样的事情发生在当时的自己身上，我爸爸是不是也只能尴尬地站在门外呢？不知道，大概一样吧。

还是初中住校的时候，那时我没有手机，在操场上不小心摔了一跤，不是很严重，但我摸着脸上感觉肿起来一块，同学们都说看不出什么差别，没人安慰也没人心疼。少女内心那点儿失宠的小九九哟，迫使我借了班主任手机打电话给妈妈，让她过来看望我一下。因为没有手机，不知道妈妈具体会在几点过来，挂完电话我就去校门口等，想着她会给我拎一箱牛奶吧，还可能有一袋水果，看病人都是这样的。

也记不清等了多久，已经等到我快要生气了，终于来人了，校门口出现的那个人居然不是妈妈，而是爸爸！原因是妈妈临时脱不开身，打电话给爸爸，爸爸说他来。我满脸的失望，有一种观众看到主力选手弃赛，替补队员上场的感觉。

我质问爸爸：“怎么这么久才来？”他说：“把手里的事处理完才来的。”“我都摔跤了，你为什么不赶紧过来？”“打了电话给你老师，她说不严重。”瞬间，我的各种被宠溺的期待都破灭了。

当时的想法倒也简单，摔跤了，即便摔得不严重，妈妈也会嘘寒问暖，或许还能帮我向老师请个假，晚上把我接回去住，而爸爸只会说：“不严重就算了，严重就去看病吧，既然来了学校，就去见一下你班主任吧，是不是该请着吃个饭呢，顺便咨询一下你的学习情况……”总之，妈妈的爱比较人文关怀，而爸爸的爱就属于解决刚性需求。

爸爸在确定我安然无恙后，跟班主任了解完我的情况就回去了。失宠的我不但没有撒娇成功，反倒自己出卖自己，让家人知道我最近学习有点儿退步，上课爱发呆，真是自找苦吃。

大二寒假在家的时候，一个高中同学讲到自己跟爸爸的一个尴尬故事。她现在在武汉的一所大学读书，爸爸去武汉办事，顺路去学校看看她，带了些特产，帮她一起拎回寝室，顺便了解一下她的住宿环境。宿管阿姨一向是要求严格的，担心闲杂人等尤其是男性的闲杂人等进入女生住宿区，哥哥这种级别的男性亲属是根本进不去寝室的，爸爸的话，阿姨有时候傲娇了，觉得没有父女脸，还会要求看身份证。

同学家庭成分比较特殊，爷爷是入赘的，所以她的爸爸跟的是奶奶姓，到了她这一辈儿，又跟回爷爷姓，也就是说，她跟爸妈都不是一个姓，她的户口在报名的时候也已经迁到了大学的地址，身份证地址也跟父亲的完全不同，阿姨才不听她那么复杂的祖宗缘由，直截了当地说："那你说说你爸哪天生日吧，跟身份证一样我就让他上去。"结果还是没成，是啊，她忘记爸爸的生日了，上大学以后，每次爸爸生日都是妈妈发来短信提醒的。后来爸爸终于还是没能进入寝室，在楼下等着，她自己上去。

听到这些，或许会觉得宿管阿姨形式主义且不通情理，但换个角度想想，或许阿姨是个明白人，打心眼儿里也相信他们是父女呢，父亲不上楼也算不上大事，刁难一下，找个把柄让女儿自己好好去内疚，也算是帮着现在慈悲又尴尬的父亲教育一下孩子了。

门外的爸爸，女儿已长大，刮风下雨不怕，也请你进来坐坐，喝杯茶，说会儿话，不要像个客人，有你才是家。

琥珀少年

10月铅色的天空之下，翟羽板着一张扑克脸逆着光走了进来。他的瞳孔和头发有着琥珀一样的颜色，大家的目光毫无遮拦地刺穿他，企图看出绝望甚至泪水。但是他的眼平静如同未知的黑洞。脚步慢吞吞的，像只湿漉漉的海龟，泅渡过一排排座位，没有一会儿，他又像一只寄居蟹般在日光下睡去了。深绿色的背包里露出单反相机的摄像头，散发着浅浅的紫光。

我们都会遇到最好的自己

zzy 阿狸

高二新学期开学时，班主任要求每个学生按照学号顺序上讲台自我介绍一番。全班一共有六十一个同学，但大部分同学在别人问起班里有多少人的时候都会说："我所在的重点班只有五十九个人。"被忽略的，一个是我，一个是学号为60号的禾生。

我是走后门来到这个班的，本来我只想待在普通班或者干脆不念书，但父母还是执意砸钱把我送进这个所谓的重点班，自然不受人待见。

至于禾生——

此刻她正站在讲台上，豆大的汗珠沿着她的脸庞不断地砸在地上，手紧紧地捏着衣角，张开口用蹩脚的普通话支支吾吾地说："大家好……我是……禾生……我来自一个很偏远的……"还没讲完，台下的同学便肆意地狂笑起来，就连班主任也强忍着笑，摆摆手说："行了行了，下去吧。"说完后，像想起了什么似的用手指着我说："黎睿，你也不用上来做自我介绍了。好，同学们翻开课本，下面我们开始上课。"

又是一阵窃笑。

坐在角落里的我早就预料到会是这样的收场，所以心里并没有多大的起伏。目光不经意扫过坐在另一个角落里的禾生，她的头低得很低，几乎低到了尘埃里。

晚自习的时候，班主任决定调座位，为了公平起见，全班同学都站在走廊上，按照高二入学的成绩先后自由选择位置。班主任在讲台上念名字，被念到名字的同学就能进去挑位置。不一会儿，走廊上只剩下零星的几个人，其中包括我和禾生。禾生被叫进去后，我也跟着进去了。目光一扫，拥挤不堪的课室里只有坐在角落里的禾生旁边的座位是空的。

我听见有人笑着说："还愣着干什么，你俩坐挺合适的。"课室内又是一阵窃笑声，像半夜睡不着的时候，床底下的老鼠活动发出的窸窸窣窣的声音。

晚自习铃声适时地响了起来，我慢悠悠地坐在禾生旁边的位置上，准备和她打声招呼，却在看到她咬得发白的嘴唇后把话咽了回去。

我们之间连一个简单的自我介绍都没有，自然就没有太多的交集。她每天都在座位上埋头苦读，连上厕所的次数都很少。而我只会光明正大地把杂志摊在课桌上，看到搞笑的段子时旁若无人地哈哈大笑。

趴在玻璃窗户旁偷窥上课纪律的班主任气冲冲地冲进教室，把我拎到走廊，一脸恨铁不成钢的样子："黎睿，你最好给我安分点儿！不然你就别想在这个班里待下去了！"

你真说对了，我还真不想在这个班里待下去了。

但这句话我只能在心里偷偷地说上一千次一万次，我不能说出来，我怕再次被退学回到家后对上父母失望的目光。

我抿着嘴，不说一句话，班主任骂痛快后，摆摆手让我回去。在转身的瞬间，刚好对上了禾生焦虑的目光，她急忙把目光收回。我顿了顿，禾生是在担心我吗？

但很快我打消了这个念头，有谁会担心我这种学渣。

我慢悠悠地回到座位，从书包里拿出小说自顾自地看了起来，就像什么都没发生一样。

每周日的晚上都会上班会课，那一周的主题是“我们的理想”。班主任给我们五分钟时间，和自己的同桌分享各自的梦想。我原以为禾生会像往常一样不参与讨论，正准备看杂志，她停下手中的笔，用依旧蹩脚和干涩的声音说：“我的梦想是回到生我养我的那个小山村当一名乡村教师。”说完后，她拧过头有点儿胆怯地问：“黎睿，你呢？”

我怔了怔，没料到禾生会问我。小学时每次期末颁奖大会空空如也地回家后，总有人问我的梦想是什么，我总会一脸骄傲地说：“我想当一名作家。”随后就会听到一连串的笑声。小时候不懂这笑声是什么意思，后来才明白里面是无尽的嘲笑和鄙夷。渐渐的，当别人问起同样的问题时，我和其他好孩子一样会说我想当个对社会有用的人；再后来我便装作深沉地说我没有梦想；最后，当我准备了更巧妙的答案时，才发现干脆没有人问我了。

他们只会问成绩好的学生，然后在他们自信的回答后给予充分的赞扬与欣赏：“真棒！”

我犹豫了很久，终于还是说了出来：“我想当一名作家。”下一秒钟，我已经做好被嘲笑的准备了，而禾生眨了眨水汪汪的眼睛说：“当作家可以把很多美好的东西带给大家呢。”

眼泪在这一瞬间猝不及防地盈满了眼眶。

见我没有接话，禾生眼里的光芒慢慢熄灭：“我知道我的梦想和别人的相比起来很卑微，但梦想不应该是没有贵贱的吗？梦想不应该是去做自己想做的有意义的事吗？”

我手忙脚乱地解释：“禾生，你的梦想一点儿也不卑微，我们的梦想都不卑微。”

禾生听后，露出八颗好看的牙齿，一脸开心地说：“对。我们的梦想都不卑微。”

学校有个“情暖学子献爱心”的活动，就是每个班都有两个贫困生助学金名额，每个月发放五十块钱，由班费支出，有需要的同学可以到团支书处报名。学校宣称对此保密，但往往不会有人申请，不是因为每个同学家里的条件都很好，而是申请后，申请助学金的同学的名字竟会被全班知道，接着的就是全班同学的鄙视和议论。

谁都扛不起那种仿佛要把你鄙视到地下三尺的目光。

这段时间，我常常见到禾生往办公室跑。虽然心里很好奇，但又不敢问。有一天在饭堂吃饭的时候，不小心听到团支书和另一个同学议论："你知道吗，资助贫困生那事，我们班里竟然有人报名了，就是禾生，你说她不自卑吗，怎么好意思申请啊。"另一个人同学饶有兴趣地说："就是嘛，这种东西本来就是走个过场而已，要是真申请了，那得多没面子啊。"团支书接着说："所以班主任让她写一封一千字的感谢信，并且要求张贴在课室的后墙上，我想过几天应该会张贴出来的了。""那就等着看好戏吧。"

几天后，一节班主任的课下课后，禾生一句话不说地把感谢信张贴在课室的后墙上，还没来得及走回座位，全班同学早已放下了手中的笔，一窝蜂地站在感谢信前兴奋地议论起来，时不时伴随着一阵阵笑声。

禾生坐在座位上，手里拿着笔，眼睛死死地盯着练习册上的一道数学题，一动不动。上课铃响起后，同学们颇有些扫兴地散去了。我头一歪，发现禾生还是保持着刚才的姿势，只是她的眼角滑出的泪水，像一串串珍珠打在那道数学题上，开出一朵朵透明的小花。

我翻箱倒柜找出一张绿色的纸条，认认真真一笔一画地写："尽管我们都很卑微，但在追逐梦想的道路上，你要记住，还有我陪着你。"

写好后我小心翼翼地把纸条推到禾生的课桌上，不安地等待着她的回复。可她并没有回复我。

后来我才明白，其实答案早就在我们的心里面，又何必耿耿于怀。

期中考试过后，学校举办了校运会。为了突显重点班的形象，班主任要求“大本营”要有气球布置。于是他给每个同学发了五只气球，让大家帮忙一起吹气球。

大多数的女生看着桌上干瘪的气球皱起了眉，随后一脸委屈地和男生撒娇，让他们帮忙吹。有一位男同学甚至买了打气筒回来，瞬间他被一群女生簇拥着，引来其他男生嫉羡的目光。

全班只有我和禾生以及各自桌上的五只缤纷的气球无动于衷。

因为我们在这个班的朋友不多，更确切地说，只有她和我是朋友。

我扭过头来看着禾生，她的眼里大片大片的空落让我有点儿难受。于是，我拿起一只红色的气球，把它凑到嘴边呼哧呼哧地吹了起来。由于我是男生，肺活量还不错，五只气球只是小菜一碟。禾生看着我这么毫不费劲地就吹完了觉得有点儿不服气，拿起桌上的气球也呼哧呼哧地吹了起来。可才吹了两只，禾生的脸就酸痛得说不出话来。

我把桌上吹好的气球往她桌上一挪，然后拿起她课桌上三只干瘪的气球，鼓起气，打算像刚才那样不费吹灰之力地吹起来。但吹了两只后，我才体会到吹完气球那种酸痛的滋味是怎样的。

禾生第一次对我笑着摇了摇头，然后拿起最后剩下的那只绿色气球，用尽全身力气把它吹胀。

等我们吹完气球后才发现，竟连取笑对方的力气都没有了，只能频频摇头。

每年省里都会举办高二年级数学竞赛，由于是重点班的缘故，班主任强硬要求我们全班参加初赛，初赛获得一等奖的学生可以到省会参加复赛。

在举办初赛前，我发现禾生每天待在课室的时间越来越长，除了要做各科老师布置的作业外，她几乎把所有的时间都放在了数学上。

初赛结果出来时，全班同学包括班主任都不敢相信，禾生居然是唯一一个获了一等奖的学生。而参加完省里的竞赛后，她是市里唯一一个获得了省级一等奖的学生。

从获奖结果公布那天起，越来越多的人有意无意地接近禾生，女生们献上好看的发夹，男生们献上可爱的小物品，就连趾高气扬的班主任也会在课堂上频频表扬她。

似乎全世界只有我无动于衷。

我不是无动于衷，上课的禾生一脸的认真，下课的禾生被围得水泄不通，自习课各种纸条纷飞而来，我真的找不到机会和禾生说一句简单的恭喜。或者，她根本就不在乎我的道喜吧。

我和禾生之间就这样莫名其妙地冷淡下来，就好像回到了最开始，她不搭理我，我不理会她。

月考过后，班主任决定要调座位，规则和以前一样，按照月考成绩的先后挑选座位。禾生月考到了全班第三，按理说她应该是第三个挑选座位的人，可班主任念到她名字的时候，才发现她竟然不见了。

我看到很多人脸上失望的表情。也对，这么优秀的学生，谁不想和她同桌啊。

我依然是全班第六十一名。全班挑剩的座位是原来我和禾生坐的位置。

当我正坐在原来的座位上看杂志时，一个熟悉的声音响起："黎睿，让一让，我要进去。"

禾生坐在原来的位置上像往常一样拿出练习册开始啃题，我一时没反应过来是怎么回事。我用手肘推了推禾生，小声地问："你怎么又回来和我一块儿坐啊？"禾生没说话，从抽屉里掏出一个本子，把一张绿色的纸条小心翼翼地取出来，唰唰地写下几个字后，用手肘轻轻地把它推给我。

我有点儿不解，但在看到纸条的瞬间明白过来，上面有着明显被泪水模糊了的字迹："尽管我们都很卑微，但在追逐梦想的道路上，你要记住，还有我陪着你，还有你陪着我。我们的梦想都还没实现呢，我怎么能随便掉队？”

我忍不住笑出了声，站在讲台上的班主任发现后，怒斥我的名字：“黎睿！你给我出来！”

我冲禾生做了个鬼脸，丧家狗状地走了出去。同以往不同的是，这次是一只满心欢喜的丧家狗。

后来，禾生的普通话还是那么蹩脚，可九科成绩已经稳居全级前五。至于我，还是那样不爱学习，但投稿两年的杂志终于有了回音，慢慢地发表越来越多的作品，慢慢地拥有越来越多喜欢自己作品的读者。

可这并不是所谓最后的结局，因为我们的故事还在继续。

禾生，不只是故事里的禾生，她其实活在我们每个人的身边，也许是我，也许是你，那个把“要有最朴素的生活与最遥远的梦想，即使明日天寒地冻，路远马亡”当作座右铭的自己，那个伤心、自卑、失意、以为全世界都抛弃了自己的自己……其实即使被所有人排挤、被所有人忽略、被所有人鄙视都不重要，有一颗永不放弃积极进取的心才是生活的真谛。

你要记住，还有我陪着你，还有你陪着我。

你要相信，阳光总会拂去阴霾，我们都会遇到最好的自己。

算命先生，走好，不送

艾汀医生

小时候我妈带我去看算命先生，算命先生一摸我的额头先是一惊，然后又来回地摸了摸我的纤纤玉手说：“这孩子印堂发烫、骨骼轻络，将来必定大富大贵，前途不可限量！是个开厂的人才！”

我妈在听到这句话的时候，差点儿就老泪纵横，一跪不起。时隔这么久，她终于从别人的嘴里听到我一句好话，而且还是从那么有“预言”能力的算命先生口中说出。

当时年少的我，不懂那么多，也就将信将疑地将他的话听了进去。

但我现在总算是知道了！那个老流氓不仅骗了我妈的财，更劫了我的色！真是天理不容，罪该万死。我暗自发誓如果有朝一日我在路上再见到他，必定将辣椒水喷他满脸，方解我心头之恨！

什么印堂发烫，骨骼轻络，必定大富大贵！全都是扯淡！你给我发个高烧，烧到四十度，能不印堂发烫吗？你给我返老还童回到四五六岁，能不骨骼轻络吗？

最让我接受不了的是，就是因为他的一句话，我妈就算隔了十多年还是一个劲儿地向街坊邻居嚷嚷，就像是老旧复读机一样孜孜不倦：“神仙说我女儿将来是要开工厂的！看看多了不起！”

我一点儿都不怀疑，她仰头的角度都快与天空相平行了。

然后我美妙的童年与青春就淹死在了别人“大老板”的唾沫里。不过有时我也在庆幸，幸亏他当时不是说我是个开煤矿的老板，不然我这青春的前半生，估计都摆脱不了“煤老板”这么低调奢华的帽子了。

说实话，我现在上街看到那些算命的江湖术士，就比看到了杀父仇人还要眼红。我恨不得搬起茅房边又臭又硬的石头塞进他们的嘴里，然后缠上厚厚一圈的透明胶带。

我实在无法想象，一个人一辈子怎么能说那么多谎，而且一点儿都不心虚！

阿唯对我说：“每个人有每个人的求生方式，每种事物也是相同。就像是蛆虫，它天生就该活在屎里。”

我愤怒地给了他一拳。

阿唯捂着脸，像是一个遭到了抛弃的怨妇，“我帮你，你还打我，你几个意思啊！”

我向他挥了挥拳头，“姐还没吃中饭！你少恶心我！不服我们打一局？”

他乖乖地闭上了嘴。

不得不说，武力虽然是最粗暴的方式，但是有时候，它却是最能让人马上听懂的道理。

一回到家，我妈就笑盈盈地迎了上来。

她芙蓉如面柳如眉地对我说：“你以后想要开什么厂啊？是袜厂还是衣厂还是鞋厂？”

我白了一眼我妈，有气无力地说：“我不想开厂，而且不想开这么低端的厂。”

然后她一屁股坐在了我的边上，拼了命地往我边上靠。

“没关系啊！不想开厂的话，我们可以先从开店开始啊。你想开袜店、衣店还是鞋店？”

我实在是懒得理她，就脱口而出一句：“我想开内裤店，我这辈子最大的梦想就是想开内裤店！清一色都是蓝色加红色的超人内裤！”

我以为她会生气地站起来，然后指着我的鼻子破口大骂，骂我没志气，骂我没追求，骂我没理想。但我想不到她的反应竟然是——“内裤店啊？也好啊！只要你能够开店，妈妈相信你不管开什么店都能赚钱！”

临走前她还向我抛了个媚眼，然后大声地说：“妈妈支持你哟！”

我这算是遇到了史前大怪兽了吗？上帝啊，耶稣啊，如来佛祖啊，你们快随便来一个把这个外星人从我眼前抓走吧！把我真正的妈妈还给我吧！我真的再也受不了惊吓了。

我甚至一度想问：妈，我是你亲生的吗？为什么你一点儿也不像我！这是为什么啊！

回到学校之后我就一直愁眉不展，同桌看到我的表情，他极为艰难地扭曲着脸说：“是不是今天早晨上厕所的时候有阻力？”

我诧异地张大嘴！这是什么乱七八糟的。

哪知道他把我张大嘴的表情当成了认同，然后同情地拍了拍我的肩膀。

我干脆将计就计地反问他：“你也是？”

他果然接过话茬儿说：“这种想拉不能拉的感觉才最痛苦，是不是就像是你们女人生孩子难产？”

我果断地扶着额头，默默地摇了摇头。我身边这是坐了只什么飞禽猛兽，我的生活到底怎么了，怎么一张开眼就能看见奇葩！

人说倒霉的时候喝口水都能塞牙缝，可我从来不信。

老师提问的时候我都心不在焉，后来他罚我站着，直到这节课结束。我沉闷地望着天空，思绪飞到了九霄云外。

“孙燕晴！”讲台上的物理老师大发雷霆地叫着我的名字，他圆亮的光头像是正在发出十二万伏的超高电压。

“春天还没到！你就一直盯着窗口的李成龚看！他有那么好看吗？”

我瞪大双目，简直像是听到了像是哈雷彗星将要撞击地球的大消息一样。但是我明白，民不与官斗。我咬了咬牙，暗自在心底里给他的名字画了无数个圈圈，心情才得以慢慢平复下来。

哪料得到才刚一下课，就有一呆子出现在我面前。此人不是别人，正是李成龚!

“你有什么事吗？”我不解地看着他。

“我……我……我真的……”他有些哽咽。

“有话就说，别像个害羞的姑娘似的！难不成我搞错了你的性别？”说着手向他的胸前袭去。

他脸红成了猴屁股，用力地往边上一躲。

“我真的……长得很好看吗？”

“哈？”

“其实你如果……如果真的喜欢我……我可以接受你的！”他突然抬起头，整张脸红得连五官都看不清。

我走到他的旁边，然后朝着他微微一笑。下一刻就用手肘撞击他的腹部，然后一只手握着他的手，另一只手仍然抵着他的腹部，使出了我平生所学。

无敌过肩摔。

自从对他用了这招后，男同学们再也不怀疑我的性取向了，女同学们向我蜂拥而至。

而那个叫作“李成功”的同学，已经舍身“成仁”了。

这天，我心情大好地带着我妈外出。阿唯帮我想了个办法，就是解铃还须系铃人。

他说：“我可以假扮一回算命先生，帮你渡过这个劫难。你看，我连大胡子都买好了！”他说着就忙将一大撮胡子粘到下巴上去。

我怀疑地看着他，“就你这样，行吗？你不是为了报复我吧？”

阿唯拍着肩膀说：“别看哥长得安全，关键时刻靠得住！”

我赞赏地握了握他的手，“放心！哥们儿相信你！就算出了什么差错，哥们儿也会将你五马分尸的。”

其实我对他半信半疑可是又无计可施，只得死马当作活马医。

但岂料，人生处处有精彩，正如你永远不知道下一秒会发生什么与前一秒背道而驰的事情。

我遇到了算命先生，可他不是阿唯。

他抢先一步地挡在我们面前，然后看见我就说：“我看这小姑娘浑身上下洋溢着一股贵气，他日定能飞上枝头变凤凰。”

我吓了一跳，现如今改革开放都几十年了，老旧的帝制早就被废除了，我上哪儿去当皇后娘娘，上哪儿做皇上的宠妃。

而我妈却恍若惊醒。

她激动地握着算命先生的手不放，说：“先生说得对，说得对！真是一语惊醒梦中人。”

从此之后，我妈教育我的准则又变成了“要想吃喝好，得嫁好男人”。

我双手捂面，这见鬼的日子看来真是没完了，我得赶紧存点儿钱飞到大洋彼岸去。

俺妈不知道从哪儿听说了我的想法，又或是我肚子里的蛔虫不小心露馅了。她煞有其事地问我：“你当真要抛下娘，飞到大洋彼岸？”

我点头如捣蒜。

“罢了！”俺妈垂头丧气地走回房间，我兴高采烈地站在原地笑。

她垂头丧气地又走了回来，然后递给我一张东西。

“我飞机票早就买好了，这个暑假毕业了就赶紧去吧！”她突然抬起头，笑得眼角里都是花。

失落的城市

笨笨·猪

楔　子

写下这个题目的时候，我一直在想着过去的高三时代。想着我们没日没夜地在题海中挣扎的样子。想着每个流光溢彩的夜晚，我和小米在操场观礼台的台阶上看夜空的情景。

远远地望着这座忙碌而失落的城市，想起小米背着大她许多的吉他安静地走在孤单的街角，想起她背着画板在烈日下粲然微笑的样子，像3月盛开在路旁的木槿花。

每当这个时候我就会有隐隐的失落。我依然记得5月的一天，教室的窗外电闪雷鸣，风雨交加，我木讷地站在窗台旁，呆呆地看着这一幕。小米突然拍着我的肩说，春天来了，高三的我们却没有春天吧！

我笑着说，嗯，或许高三真的没有春天。

高三没有春天，我一直记着这句话。时至今日，我想起那些回忆，依旧像是在我的脑海荡开了一层层的涟漪。

所以写下这篇文章时，也是对高中那段美好时光最好的怀念了。

2011年1月 林：傍晚的和风，缥缈的憧憬，以及夏日的梦境……

我每天哼唱着甲壳虫乐队的歌，骑着自行车行在无人的街角。我只属于这个城市的夜晚，白天我就肆无忌惮地在单车上哼着歌曲，往返于学校和家。两点一线式的生活。

我所在的城市的冬天是沉闷的，像小米木吉他上的声音。风凛冽地吹着每条街道，吹起漫天的沙尘。每个人都裹着厚厚的衣服，匆忙地行走在街道上。流浪的狗在垃圾桶边低垂着头不停徘徊，嗅着吸引它的气味。

每天我和小米一起骑自行车回家，她在路上和我开大堆的玩笑。每条街道都充满了我们欢快的笑声，她的笑容在这个寒冷的季节总是那么的温暖。她喜欢久石让的音乐，尤其是《天空之城》。这首曲子在她的木吉他上多出了许多感伤的旋律。

我想对她说很多的话，却在看到她后怎么也说不出来。

去年的夏天，我一个人在校园里百无聊赖地行走，忽然有人从背后拍我。她穿着宽大的T恤，上面是米老鼠的卡通画像。她歪着脑袋，眯着眼睛笑着对我说："麻烦你一下，我们美术组的人员要找个模特，能不能劳烦一下你呢？"

我指着自己胖胖的身体说："行吗？"

她很认真地点头，笔直的马尾辫轻巧地摆动着。

她给我画像的时候不住地在笑。终于我辛苦了一个钟头后，她忍不住笑说："对不起，你长得太搞笑了，被我画成郭德纲了。"

我看着我那被她画得惨不忍睹的画像，傻傻地盯了十分钟。

这是我们第一次相遇，从那以后她总是找我去给他们做模特。很平淡的相遇，但是总会让我念念不忘。

2011年2月 小米：我，我记得的我们，原来都不在了……

我开始习惯无聊至极的生活，像同龄女孩儿一样坐在电视前看偶像剧然后傻傻地笑，这时候我会突然想起林，林那堆满肥肉的脸，还有被我画成郭德纲的画像。

他喜欢理查德·克莱德曼的钢琴曲，并且送给我一张他的专辑。淡淡的钢琴声在我的房间环绕着，然后我会忘记一切烦恼，开始静静地进入睡眠。

大众书店的老板换人了。林带我去的时候下着雪，雪花飘落在这个城市的每个角落，静静地只有我们嚓嚓的脚步声和雪花碎裂的声音。

书店里充盈着奶茶的味道，四周摆着很多的斑竹，在这间书屋里丝毫寻不到冬天的踪迹。这个老板喜欢班得瑞的音乐，音乐缓缓的，如此刻的奶茶香流淌在书屋里，好像大自然的那股甜糯的气息扑面而来。又一次翻到海子的诗歌，“面朝大海，春暖花开……”的诗句，在这个季节，显然绵软而无力。

我在书架上发现了清少纳言的《枕草子》，我刚碰触到它，林也发现了它，不经意地碰到了我的手。我本能且尴尬地缩了回去，羞赧地低下头，目光游离在地面。

他却好像若无其事地说：“小米，这一幕好像曾经发生过呢！”

然后我拍着他的肩说：“贫嘴，看电影看多了吧！”

晚上放学回家他会陪我走回家的路，因为到最后会分开，偶尔他会再送我一程，但是每次都会找各种理由。而且他总是送德芙牌的巧克力给我，我问他为什么送我这个牌子的，他笑而不答。

2011年3月 林：我开始遥无止境的怀念，一旦陷入，便会沾满一身洗刷不去的尘土。

3月，草长莺飞。艺术楼里没有了尖锐抑或忧伤的声音在长廊里飘荡。好像只有3月闲庭飞絮飘落满楼，一切都变得杳无声息。

小米去考试了，我开始一个人晚上孤单地骑着自行车回家。一个人去大众书店，看看书，喝杯奶茶，然后回家。

每天放学，她会在我们教室外面等我，然后我陪她走回家的路。她有时会拒绝，但我会找很多的理由去反驳她，直到她理屈词穷为止。

她考试的前一天晚上，我给她打电话。她说，这里的冬天太冷，不是皮肤上的，而是骨子里的。我说，这是南方潮湿的原因。她在电话里说，这里的艺考人都带着一种沧桑感。我告诉她，她应该是比较年轻的，年轻就是资本啦！

她在电话里哈哈大笑。我们都老了，她说。她的这句话让我想起了杜拉斯在《情人》里的那句话。

晚上，我在艺术楼听到了二胡的声音。那种声音在寂静的夜里，犹如一条游龙，慢慢地蜷缩在身上，紧紧地扣住自己。把身体里仅有的一点儿希望吞噬，让我独自在呐喊中挣扎，却无可奈何。

不过分修饰的东西，才是最美的。譬如现在的这首曲子。

失落的人，都能在这个时候对人生有真挚的了悟。

2011年4月 小米：走不出过去，放不下现在，我陷在轮回的边沿等一道光线。

飞机在天空划下一条长长的轰鸣声，窗外梧桐摇曳，摩挲出枝叶与4月的风最欢快的节奏。老师讲课的声音在教室里飘荡，斜斜的阳光照射进来，照在我们夹有白发的发际。在这4月的寂静时光里，伴着飞机轰然的声音，好像在与我们说：再见，时光。

虽然艺考过去了很长时间，但我还是喜欢给林画像。他说，别人都用6B的笔，我要用8B的，上调子太暗。我说，纸不沾铅。

“借口。”他平淡地说。

他说我调皮，其实在他面前我是最不拘束的。好像第一次见到他时，就感觉他是最能容忍我脾气的孩子。

我们又开始一起走夜路。街道暖黄色的灯光铺展在路面，这个季节的空气中开始有香樟的味道。

我和林在街心广场看夜景。这里的广场容纳了很多人的欢笑，大人、小孩儿、情侣，来来往往的人把最快乐的笑容留在了这里。在这里听广场硕大的音响里播放的流行音乐，也是一种幸福。

他今晚突然问我以后要去哪儿。

我说，不清楚，考出来再说。

我看到他笑，像一枚反射着太阳光辉的硬币。

发生在我梦里的一切其实真实地存在过，只不过被冠上了一个叫“曾经”的标签才会让人心生遗憾。

2011年5月 林：曾经对你的习惯和温暖的冬天似乎在一起消失。

5月，我开始了高考的冲刺。

暗无天日，七堇年曾经用到的一个词，却是用它来描述的教室。清晨太阳还未露脸，教室的样子像极了小米画室里照射在雕塑上的灰暗光线。太阳还未落山，教室又成日暮时分的样子了。

我在小米的教室窗外看她，她正对着书桌上的镜子梳理头发。她微偏着头，微笑着去盘后面的头发，她的手灵巧得如京剧里随胡琴袅娜生姿的动作，娴熟地扎起一条马尾辫，然后别上发卡。

5月的柳絮飞过窗台，落在她的头发上。她定睛看了一眼，瞬间将它扑在手里，吮着嘴一吹，又飞向窗台去了。她突然发现我在看她，挤了一下眉，露出洁白的牙齿。

晚上她在教室外面等我，我尴尬地冲她笑。她说：“瞧你傻傻的样子。”接着她又眯着眼睛笑了起来。

我走到她面前，把她转向窗户，指着玻璃上我们的影子说：“中午，我看到你梳理头发时仿佛真的去了前世！”

“又在造故事。”

“真的。”

……

我问她艺考的结果出来没，她只当没听见。5月的夜里，有槐花的清香。

我们走在路上，她突然问我：“槐花开了？”

“嗯，很久了。”

“哦，”她好像若有所思地说，“林，高考好好努力。”

“嗯，你也是。”

我们每晚都这样走在这个城市的街道上。像是村上春树小说《挪威的森林》里的渡边和直子在东京的街道上漫无目的地行走一样。我们有时什么也不说，穿过栽满木槿花的街道，有时就像这样静静地走着，我会不经意地看她被刘海儿遮掩的侧脸，带着淡淡的失落。

于是那些冬天的回忆，我们彼此也开始慢慢忘记。

2011年6月 小米：可能，可能是自知此生无法拥有，才会念念不忘。

高考结束了，我顶着烈日在溽热的街道上行走。就像我晚上和林在一起行走，走路却恍恍惚惚，心不在焉。一直想碰到那个熟悉的微笑，想起他肉肉的脸上夸张的表情，我又情不自禁地笑起来。和他在一起，你永远都是上帝的孩子，简单而快乐。

我这时才发现，我好像与林分别了很久，很久。我对高考的成绩倒很不在意，而很在意林高考后的心情。正是这种不应该有的反应让我忐忑。

林在QQ上问我的心情怎样，问我在家做些什么。我一个人在家里听着肖邦的《夜的钢琴曲》回忆和他在一起日子。他总是在QQ上给我发可爱的表情，然后我对着窗外的阳光笑。

这个夏天就是这样的躁动不安，每天早上我都能透过窗子看到对面的老人在丝瓜藤下拉着二胡，伴着花旦的唱腔，不停歇地拉着。公路上尘土飞扬，唯独一只小狗在公路上悠然地嗅着他所霸占的地方。知了一直发疯似的叫，整个城市就像是一头栽在酒缸里昏睡过去了。

林给我打电话，他在电话里说：“我们班同学聚会，作为朋友希望你能陪着我。”我在电话这边笑着告诉他我会去的。他在电话那边却欲言又止地要说什么，但他还是什么也没说。

毕业的聚会，我们去唱歌。由于他们班长参军，所以由林主持。我们一边唱歌，一边在歌声里回忆我们过去的那些日子。我哭了，我想起和林在一起的日子。

他唱歌的时候说："或许毕业以后，我们就像蒲公英一样飘散于天涯海角，但是当我们想起我们在一起的日子，我希望你还能记得我。"

林把我从座位上拉起来，点了一首《你是我心内的一首歌》。我的喉咙开始沙哑，但还是和他一起把歌曲唱完了。最后他又说："今天我再给大家唱一首歌，《忘记时间》，希望在座的各位不要忘记时间，过去的日子只留下回忆吧，回忆再美好也只是曾经，还是走好未来的路。"

他的话我明白。

"渐渐地忘记，忘记了时间，我只要沿着记忆的路线，明天再也没有你的笑脸……"

我们的青春即将在这种愁绪里告别，告别所有的悲欢离合，歌声让我们回忆，像是在缥缈的云雾里，游走在往日的幻境中，你可以看到他的点滴过往，看着他的微笑，痛苦，沮丧，还有你给予的安慰，但想触摸一下他的肌肤，却依旧困难。歌声的力量就是这样，伤得深，愈合得快，一瞬间的事。

其实我知道德芙牌的巧克力中隐藏的含义——你喜欢我吗？我以为他会说出来，但是我们终将以一个句号结束我们的高中时代。

所以在青春的世界里，没有什么事情值得悲悯。

2011年7月　林：7月，我的思念已经渐渐如花香弥散，未来就像天空中一朵飘忽不定的云彩，从毕业开始，就开始了漫长的追逐云彩的旅程。

7月，总以为盛夏就像是定格在照片上的画面。这个季节，反而像是指尖的流水，匆匆地被这个季节的阳光瞬间蒸发。

冗长而枯燥的7月，送走我的高中时代，紫藤萝的藤蔓还在延伸……这个时候芙蓉树开花了。

高考结束了。

我的青春散场了。

你我形同陌路了……

那时，我在读高中时的日记。之前我发短信问小米准备去哪儿读书，却迟迟没有回应。当我一直沉浸在过去写下的日记里时，收到了小米的短信："当你的青春不在，你是否会承担曾经的本应属于你青春的梦想与回忆？送给你！保重！"

她还是决定复读了。我回给她："青春里的过往回忆一直在心里镌刻着，你自己要为梦想拼搏，一年之后我要看到你自信地站在我面前。我不希望再看到过去的你，为梦想加油吧！"

这个季节，我开始忘掉一切不堪回忆的过往，伴着芙蓉花，我的思念已经随落花飘散。

7月，不想说再见。因为走得越远的回忆，再去想起的时候，越是模糊，越是捕捉不到。

7月，在知了无休止的叫声中，有些事情逐渐隐退。

胖子其实有颗棉糖心

冰糖非晶体

说来也奇怪，我一正儿八经的瘦妹子，同桌有一半是胖子。今儿我看到某人发的说说：“我虽然没有一次想走就走的旅行，但我有一副想胖就胖的体型。”虽然后面是笑得很灿烂的表情，但我还是稍稍的，有一点点的，心疼了。毕竟之前她的个性签名还是“胖点儿咋的，吃你家饭了，费你家水了，还是扯你家布了？貂蝉瘦颠沛流离，杨玉环胖却封了贵妃，你知道不？”

说什么心宽体胖，以我与这些可爱的胖子在一起的日子看来，这个宽压根儿不贴切。胖子有颗棉糖心好吗？心思细腻到不行好吗？很容易融化掉好吗？不小心对待会压坏好吗？

如果快乐很难，那祝你安好

原谅我突然换了很认真的样子来写他们。

第一个同桌，是艺妞。听大人说我们三岁就玩在一起啦。幼儿园一起上的，《数鸭子》一起唱的，小红花一起领的，九九乘法表一起背的，一角钱两颗的糖果一起吃的……没错，她就是我发小，小学一直同班，四年级才同桌，不过我们那时已经结伴走了好几年放学路。关系一直好到不行，毕竟她六岁就会自己走夜路，几条黄土小路再过一条马路，三个拐弯来我家只为把几个草莓味的果冻给我吃，最后被她妈妈骂得半死，最后我还要挡在她面前，眨巴眼睛卖个萌，“阿姨不要打她。”当然这只是大人们说的，具体我不记得了，我们也不会提。因为那个阿姨不是现在的那个了。因为那一年她爸妈离婚了。

六岁，我比她幼稚很多，我只知道她很久很久都见不到她妈妈了。二年级的时候，她妈妈买了一袋果冻，包装很漂亮的那种，果冻袋像个小书包。我在教室外看到她妈妈往教室张望，见到我她把果冻给我，要我带给阿艺。我还很开心，有草莓味的果冻。我奔进教室，没有想为什么她不亲自给她。艺艺很不高兴，她要我还给她妈妈。我说：“可是，你妈妈给你的，为什么不要？有草莓味的。”我看着她，她噘了嘴，红了眼睛，我立刻提起果冻跑出去，“我去还好了。”其他的同学看着我跑出去，很不解的样子，我却不希望他们看到艺艺妈妈，虽然那时我还不知道为什么会这样想。

后来那袋果冻还是被我吃了，因为她妈妈早走了，因为艺妞一个果冻也不想吃全给我了。那个夏天，我吃了很多天果冻，一天好几个。再后来我不爱吃果冻了。毕竟后来我想起那个夏天，慢慢懂得了一些东西，就一直不想吃那东西了。后来难过的时候，艺妞总要吃点儿什么，但和我一样，除了果冻。

四年级我们同桌，其实同不同桌并无差别，但是她还是很高兴，“这么久才盼到这天啊！”“课间我同桌的位置不是一直让你占着吗？”我们笑得连嘴角上扬的弧度都几乎一样。估计她就是那时候开始胖的，因为除了果冻，其他零食她无一不爱。好吧，我也有责任，毕竟是我回家总要路过那条路的，毕竟是我仗着吃不胖的体质总买膨化食品，毕竟是我假装吃不完然后扔给她然后又买了辣条。

我知道之前她家总是有很多零食，我知道之前她爸爸经常回家然后买一堆吃的给她，我知道和奶奶生活的她，她爸给的钱都不舍得花，我知道她已经半年没再收过她妈妈托人送的钱了，我知道她这个“吃货”说什么长大了不爱吃了其实是倔强了、更狠心了、真的不要她妈妈了。和她放学路上吃一样的零食回家，她晃荡的马尾辫和我晃荡的书包，回忆起来好像是不久前的事情。

如今初中毕业了，三年，我们还保持着联系。前几天她来找我，说她联系她妈妈不敢让她继母知道。她继母脾气不好，乡里乡亲都知道，她每周回家都有一堆家务活。她继母骂得最难听的是："胖得像猪，还不勤快点儿！养你干吗？"那时候我躲在她的房间里，眼泪快要掉下来，我想像小时候那样无畏地冲出去，却听她继母骂着骂着，声音就远了。她面无表情地进来，看到我，狠狠敲我的头，"哭什么！"我窝在她肉肉的肩窝，蹭掉眼里酸酸的感觉，然后抬起头，狠狠捶了下她的肩膀，"我才没有！"她已经瘦了许多，虽然手指还是粗粗的，但我还可以抓得牢牢的。

她的故事我可以再写很多很多，但是我得对题目负责，对开头说的其他可爱的胖子负责。所以她，我就写到这儿吧。我知道她很爱我，我很爱她。她有很多不如意，却从未在我面前哭泣，也不允许我为她流泪。亲爱的，我们同年同月同日生，所以我们本来就注定天长地久地一直在一起。亲爱的，如果快乐很难，那么祝你一直安好，我一直都在。

不打扰是我的温柔

初中有两个可爱的同桌呢，先来说说我们的王土豪先生——王菜菜（此人男，本来的外号太难听我私自改了）。我们学校是民办学校，就是学费贵死人的那种。教学质量好所以总会有些土豪在此掩藏着锋芒混入我们这些寻常百姓中。然后我们这些寻常百姓就有了和土豪做同桌的机会。

其实我是到了初二才知道，原来王菜菜他家开了个大石雕场。多大呢？就是发展到有外国人来买了。不是我词汇量少，是原对话就这么通俗易懂。然后打趣的人就多了。

"菜菜！土豪！唉，非要我叫你土豪才回头。""不是，我……"

一开始他会很着急，不让我们这样叫，他一着急说话就不利索。久了后，他不再争辩什么，我只是隔着他厚厚的镜片，看到他眼里有着无奈和其他的什么东西。

后来有这样的几件事。一件是他戴的手表，不知道大家是怎么知道的，此表是进口的机械表，日本老板送他老爸的，有好几块。我听到的不止这些，但都是在衬托此表“高大上”，然后各种声音汹涌而至，没多久就不见他戴了。他后桌是一女汉子，她为王菜菜拍案而起，“俺看他戴这表一年了，都没听他炫过啥，哪个不要脸的说他炫富？我都做他后桌一年了，他怎么炫富的？说来我听听！”风波渐平的那阵子，我见王菜菜上下六楼买了一抽式纸巾，问他，他什么都不说，几天后见女汉子用那纸巾猛擤鼻涕，然后我默默笑了。

还有件事吧，就是他帮我们老师定做了一个生肖玉雕，那时候考试要求教室清空，他把玉雕塞给我，吭哧吭哧把我的所有书啊箱子啊搬下六楼，再吭哧吭哧爬上来把女汉子的也搬了。看他累瘫，我和女汉子要帮他，他用手抹了把汗，又吭哧吭哧地把自己的搬了下去。两天后他才想起玉雕来，说：“丢了！”我说：“你傻啊，在我这儿。早知道你忘了，我就拿回家了。”他笑得憨憨的，“我只记得给一个人了，肯定是信任的人嘛我才忘了。”这叫什么逻辑！我把东西还给他，顺便接过他帮我抄的笔记，还有女汉子的！我给他展示了下奸笑，他就抢过笔记，扶了扶眼镜看清了姓名那栏，然后默默地递给后桌。我笑了很久，他说，很好笑吗？看他闷闷的，我才突然醒悟我干了什么。

周末的时候，看到他的微博：“不打扰是我的温柔。这并没有什么可笑的。”我评论说：“抱歉哈，真不是嘲笑。支持你哈，同桌！”其实只要勇敢地做自己，不用为任何人而改变。如果他们不能接受最差的你，也不配拥有最好的你。

毕业的时候，王菜菜显得很难过。我知道他很善良，也不奢求什么，不打扰谁。那时候他暗恋她两年多，什么都没做，只是提供了不间断的纸巾，因为女汉子有鼻炎；只是提供了每次考试前的无偿劳动，因为有我帮他打掩护拉着女汉子只负责看他累得都笑了。

我没有告诉他，女汉子在她男朋友面前是软妹子。我只是告诉他：菜菜啊，你做得对，不打扰是最真情实意的温柔。

每个人都有段无人问津的时光

初三的时候我和杨广广同桌。以前初一我不这么叫他的，是后来他胖了，老师把他调过来，我才开始这么叫。“杨广广你真的不胖，你比王菜菜窄了些！”“那你是要我再胖下去，所以叫我再广阔些吗？”每次我真心实意夸他，他总这么说，来表达对我把他AB式的名字改成ABB式的强烈不满，还有只有我这么“正儿八经”叫他的一点点高兴。

其实他比王菜菜更孤单些。他脾气不好，不喜欢在课间追来追去打闹玩耍，谁跟他闹他都急；他爱睡觉，上课听不懂就睡，睡不够下课接着睡，被很多人明着讽刺；他喜欢喝各种饮料，奶茶他连续喝了一星期，体育课可乐必带，被说成“有钱公子”他只是沉默；他不喜欢成群结队，走路、吃饭、买东西，他最多和三个人在一起……

好吧，其实他就是不合群。他铁杆哥们儿只有一个，不过对此他一直挺满意，但我没告诉他，他哥们儿其实就是滥好人，对谁都这样。往往这样的滥好人最暖心又最伤人。

我记得每个对我好的人，比如他。有时上课我打了瞌睡，他就一直和我讲话，我不困了他却被点名警告；我的笔记没认真记，他看不懂从不说什么，另借其他人的，还帮我补上；他一道数学题想了一节课，直到我发现狠狠训他，他把脑袋搁在桌上，一副要挂掉的样子，“我看大人您很忙啊”；肚子痛让他给我打热水，他想了想六楼坚决拒绝，然后看我软趴趴一节课，自责地乖乖下楼去了……

我不知道用什么词来形容他。记得某次大考后，他认真地说：“同桌，我不想读了。”我沉默了很久，然后他又说：“读不好我真的改变不了，我想认真去学些其他的。”我不知道说什么，只好深深望他一眼，“嗯，好好学其他的。”

现在想来，他只不过是个普通的学渣，好像有自己的坚持，又不知道该怎么做，他对对他好的人好，对其他人装作不在乎，以为没人看到他的自卑和怯懦。他是个俗不可耐的胖子，比菜菜更无趣。他无人问津，而我好像除了是他同桌外也只是个俗不可耐的路人甲。

可是还好，他前段日子告诉我，他已经开始学徒三个月了，每天都很累但是瘦了很多。还有他很努力，他不后悔，以及工友们很亲切地叫他阿广。

杨广广，时光终究将你雕琢成另一个模样，而我在此为你这个普通版的胖子，致以祝福。

谁说的，谁非要爱谁不可，现实更要让人哭笑不得

现在和我同桌的这个妹子，初中三年我们一起给语文老师“卖命”耍宝。我一班她二班，每天携手搬作业，上下四楼，这么久了她还是没有瘦。短发的时候，她一直阳光得不得了。她嗓音很好，走在路上心情好了来一嗓子，我听完还得默默无视旁人的目光如炬，怂怂地拉她快走。刚开学那会儿，她已经蓄了头发，知道和我一个班，她沉重地把她沉重的手挂在我脖子上，“总算有你来见证了！”“什么？”“我军训要瘦瘦瘦——”

刚刚她还在抱怨食堂的阿姨抠门儿，然后我开始抱怨和男神离太远看不清男神脸。“我真是羡慕你这副义无反顾的样子。”我瞅了她一眼，“吃你的，别矫情。”我知道她也有男神的啊，嗯，过去式存在着。那是个很高大很冷傲的男生，打篮球的时候据说非常霸气。她对男神一直处在观望状态，知道这回事的人不多也不少。

她这样向我叙述令她死心的原因：“什么男神？男神经吧？他用陌生的号码加我，听到我亲口承认喜欢他后就把我拉黑了。这是践踏我

远远观望、小心翼翼、从不打扰的心啊！”那时候我知道了比冷漠不理更让人不可宽恕的拒绝方式。一个女孩儿，默默喜欢，从不打扰，从不“偶遇”，从不“预谋”，用她绵软的心包裹暗恋的所有酸甜。而那个男生那样做，到底有何意义？把求证的结果拿去炫耀吗？我非柠檬却为她心酸。我不会哄人只会说：“妞，给姐唱一个！”然后她就微微一笑，“姐，听哪首？”啪！她又把爪子拍我肩上，一副勾肩搭背去卖唱的样子……

晚自习的时候她最爱唱歌，特别是距离下课五分钟，她就扔笔，“妞，听我唱歌啊？”她最近喜欢的是《末次见面》，唱得最好的是《愿得一人心》。每天她都陪我去看男神，每天她都唠叨“情深不寿”，还有骂我傻瓜大热天给男神跑腿。她一边阻止我，一边助纣为虐。

哎，妞，你说感觉好累，感觉自己不会再爱了，其实也没人说非爱谁不可。请你一定要继续厚脸皮地唱歌给我听，还有我现在想听《时间煮雨》，你就不要再哼《十年》和《爱情转移》了，真的不合适！

最后，就这样吧。请每个遇到胖子的你，柔软些对他们。他们可能爱吃、任性、不善交谈，也可能活泼、爱闹、笑得很多，但是想必他们都有一颗细腻的棉糖心，和他们深交总会发现，这样的人也不是很糟啊。

他们的疤是我们没经历过的伤。每个亲爱的他们，要记得没有什么比爱自己更重要。

Wan an

残城 · Poseidon

阿狸说，说晚安时要说成wan an，因为那是“我爱你，爱你”的意思。

我叫陈城，一个普通得不能再普通的初中生，仅此而已。

我暗恋一个叫林岚的女生。

以前，我喜欢她，而不知道也不在乎她是否喜欢我；

后来，我喜欢她，也希望她能够喜欢我；

现在，我不知道能不能再喜欢她；

未来，我不知道还能不能和她继续做朋友。

那些如同绚烂泡沫的日子已经在阳光下爆裂殆尽了

我坐在左摇右晃的校车里，在经过减速带后再一次不耐烦地将震掉的耳机拾起。我不知道一辆用了十年的校车为什么不放进校史馆里，而要开出来满大街乱晃。耳机里循环播放着五月天的《倔强》，阿信的声音一如既往地坚定，以最打动人的声调冲击着我的耳膜。路旁的榕树叶把夕阳的强光反射进我的眼中，仿佛迫不及待地向我宣告着夏天的到来。车内的黏稠空气缓慢地流动着，我就像一只在沙滩搁浅的鱼，只能拼命地张合着鳃盖，心里却充满了难以名状的失落感。去年夏天那些如同绚烂泡沫的日子已经在阳光下爆裂殆尽了。那两个一前一后在教室打闹的身影已成过去，而此刻却又在光怪陆离的车内交织浮现出来。

你在别人眼中永远是那么完美

与言的首次相见，就是在这个球场里。

来到球场中，就一定能看到他的身影。对于他来说，球场就是他的舞台。除了篮球，我实在想不出我们有什么交集的地方。他在老师眼中是不折不扣的坏学生。能够笑着谈论这次考试几科不及格，能够和我所讨厌的人玩得很高兴，能够用很另类的话开玩笑。但奇怪的是，每次和他打球，我都觉得很放松，也许是不用再伪装了吧。我喜欢这种感觉，就像是一只撕掉面具的魔鬼，终于能够坦然地面对黑暗。以至于言有时会惊讶地说："你这种好学生也会这样？"我只是笑笑。

那天打球，我正拼命寻找着防线的突破口，言突然唐突地说了一句："你还骗我说你们班没有漂亮的女生，太不够意思了。""拜托。"我漫不经心地回答，"我们班什么时候有过好看的女生，实验班不产那个。"确实，上帝是公平的，在给予我们班女生高智商的同时，没有附赠一张好看的脸。"那个叫林岚的长得不错啊。"言说。在听到这两个字的同时，我突然有些紧张，随即投球出手。球以很离谱的弧线飞出场外，言只能白我一眼，跑到场外捡球。看着他的背影，那句话又循环播放般萦绕在耳际。

你在别人眼中永远是那么完美。

我们之间的距离只能无限接近却永远不能有交集

回到家，打开聊天记录，每星期五晚好几页的对话，都是以互道晚安结束的。

而现在，你我之间的联系，似乎就只有这句晚安了吧，美好得如同虚幻。

我养成了一遍遍查看我们聊天记录的习惯，因为我要给自己一个你还在乎我的幻觉，即使我知道那是假的，但我却还是愿意被自己制作的糖衣包裹着，并乐此不疲。只是看着那些还带着余温的字眼安安静静地躺在窗口内，好像在祭奠着什么。

风从窗灌进来，将冰冷的我拉回冰冷的现实。透过窗，清寒的月光打着旋倾泻下来，流转于11点45分的钟面，将我带回记忆中那个尘封的黑白码头。

忘了我们是怎么熟络起来的，模糊的开头，清晰的发展，未知却能感觉得到的冰凉的结局。

那时的我们，一前一后坐在教室的后排，所有度过的时光都像浸没在蜂蜜中的标本，如同虚幻的梦境。没有隔阂，没有孤独，没有烦恼，有的只是无尽的笑声。我们可以放下一大堆的作业将整节晚自修用来讨论哪种阿尔卑斯糖好吃，可以在下课后一起在教室逗留到很晚，可以在QQ上很高兴地和对方说晚安。有时候，在无聊的英语课上，在我悄悄转过来看你的时候，会正好与你四目相视，然后尴尬地转过来，心却还在不受控制地狂跳着。就连同学们也开始开我们两个的玩笑，我只是笑着否定，心里却漾起一阵满足感。

周五晚上聊天的习惯，就是在那个时候养成的吧。

只不过，那时在网上聊天只是我们交流的一部分，而现在却变成全部。

一切从那场换座位开始。

我天真地以为这不过是一个小插曲，却没料到那将成为我无法跨越的距离。原来我们之间本就存在着安全隐患，换座位不过是接下来一切的导火索。我能够清晰地听到我们的心一点点冻结的声音，却也无能为力。时间推移，初二的上半学期接近尾声。当同学们一个个兴高采烈回家过寒假的时候，我是以一种极为复杂的心情踏出校门的。抬头看天，罕见的大片大片的乌云像灌了铅似的。黑压压地布满天空，格外压抑沉重。我在心里安慰自己，开学一切就会好起来的。

事实证明，那不过是我的幻想罢了。

记得开学后的某一个晚自修上，同桌给我讲了一个故事：一个男孩儿和女孩儿原本是很要好的朋友。有一天男孩儿对女孩儿表白，女孩儿没有说什么。到后来，两个人变成了陌生人。听完的时候，我不顾同学们诧异的目光重重地给了我同桌一拳。因为同样狗血的情节就发生在2月14日的寒假晚上，男孩儿叫陈城，女孩儿叫林岚。

从此，我明白了，我们之间的距离，只能无限接近，却永远不能有交集。这种朦胧的感觉一旦被讲明，就再也回不到过去了。

可惜我明白得太迟了，林岚，我们是不是要变成陌生人了？

我就像一只作茧自缚的毛虫

阿坤是我的死党，对于这个自称胸怀大爱的恶心到极致的“瘟神”，我没有太多的形容。

他成为我的死党原因只有一点，他知道我真的喜欢林岚。还有就是，他喜欢上我的红颜。

所以每天晚上，他都要把我拖到他的床上谈论一下所谓的“互帮互助”。准确地说，大部分时间是他自己在那边说得天花乱坠，然后我有一搭没一搭地应和着，还要随时提防神出鬼没的管理员。

但每次看到他和林岚靠得很近，开着无关痛痒的玩笑，我就会感觉我距离他们仿佛有好几光年之远，空洞无助感开始啃噬我内心的每一个角落。每当他在谈话中讲起林岚，我就会有种厌恶感。宿舍潮湿的空气仿佛在无形中给了我重重的一拳，让我喘不过气来。不过，即使阿坤是我的死党，也没有完全看透我的内心。不知从什么时候开始，我已经将隐藏自己掌握得出神入化，有时连我自己都会吃一惊。在很多人，包括阿坤看来，我是乐观开朗、全面发展的实验班班长，以为我周围都是氧气，以为我的生活都是阳光，可是，那又怎么可能呢？何况，我本就不是那样的人。

我不打算让阿坤知道太多，更不希望得到他的帮忙，因为那没必要。我就像一只作茧自缚的毛虫，禁锢的是自己，解放也只能靠自己。

那天晚上，阿坤说起周五和林岚在手机上玩到半夜的事。然后我的脑海中又浮现出林岚在周五发的最后一句“我要去睡觉了，晚安”。

好像明白了什么……

看向窗外，城市的光彩落入流经校门口的河流。晃动的虚影好像在不断爆裂，将我的思维轰击得外焦里嫩，无法思考。

晚安，林岚，对你，及过去的自己

时间就这样不紧不慢地在夏天黏稠的空气中消逝着，在午后炙热的阳光下慢慢蒸发。

记得某次和林岚聊天，我把那个故事讲给她听，问她如果是故事中的女孩儿会怎么做。她说：“如果喜欢就OK啊，如果不喜欢就继续做朋友嘛。”完美的结局。关掉电脑。会不会是我自己把一切想得太悲观了？我看着天花板问自己。也许我们还没有到那么糟的时候。

尽管我还是每天想林岚到很晚，但我却也多了一份坦然。我想，那些无法言说的伤痛记忆，始终会在时间无情的摧残下渐渐打磨掉棱角，然后安静地存放在心里最深的那个角落吧。

在某个安静的下午，他们一群人围在林岚旁边折纸。其中一个男生半开玩笑地对林岚说：“林岚，我折朵玫瑰给你你就嫁给我好不好？”然后一个女同学就说：“怎么可以，林岚不是陈城的吗？”我看向林岚，她正专心致志地折着纸，仿佛什么都没有听到。跳动的阳光给她完美的侧脸勾勒出优雅的弧线，好像躺在橱窗里的瓷娃娃，不容染指。然后我笑着转向那个女生，轻轻地说了句：“闭嘴。”然后插上耳机，让许嵩空灵的声音充斥我的思维。

我和你，林岚，就好像是天上的星光。当星光穿过宇宙走了好几百万光年到达地球进入我们的眼睛时，那颗发光的星星也许在几百万年前就毁灭了，也许还在宇宙的某一个角落继续发着光，我们不得而知。而我能确定的，仅是星光很美，这颗星星存在过，这就够了，不是吗？

晚安，林岚，对你，及过去的自己。

或者说，wan an 。

琥 珀 少 年

陈勋杰

在一中，每月总有那么一天是喜忧参半的。月考之后快班的最后一名被调至慢班，慢班中的最前面一名上升到快班。这种所谓的滚动制度总是带给我们无限的乐趣。每到那一天，我们慢班的井底之蛙们总是幸灾乐祸地等待着是哪位幸运儿堕落到我们班。

10月铅色的天空之下，翟羽板着一张扑克脸逆着光走了进来。他的瞳孔和头发有着琥珀一样的颜色，大家的目光毫无遮拦地刺穿他，企图看出绝望甚至泪水。但是他的眼平静如同未知的黑洞。脚步慢吞吞的，像只湿漉漉的海龟，泅渡过一排排座位，没有一会儿，他又像一只寄居蟹般在日光下睡去了。深绿色的背包里露出单反相机的摄像头，散发着浅浅的紫光。

从他决绝和倔强的表情看来，翟羽从来就不是一个简单透明的少年。撇去他自命清高的本性不说，在上课的时候，翟羽无缘无故就发出单反相机特有的咔嚓声，引得他人侧目自己却一脸漠然，或者看旅游杂志看到老师忍无可忍地点名。久而久之，班里的人对他的称呼由“翟羽同学”变成了“翟羽那个怪胎”，而且戏称他是我们班有史以来的第二代怪胎。

既然有第二代，那么必定存在第一代了。说到第一代怪胎，恰恰就是我自己。

这种称呼并不是我有多么出色或者有某种特异功能，而是因为我很怪。大家都在流传，陈明泽是不是有自闭症，抑或交流障碍，不然大家叫他的时候他怎么不回应，也很少跟别人说话。但我从来不反驳辩解，因为我是无论如何也不会将这个秘密公布于众的——我的右耳是听不见的。这个秘密像棵大树一般托举着我的青春，一旦它公开便会崩塌，将我的青春毁于一旦。

与我的唯唯诺诺截然不同的是，翟羽始终波澜不惊，继续着自己迥异的生活。当老师找他谈话，告诉他应当努力学习争取重新回到快班时，他一脸无所谓地说："这就是本该属于我的地方，我当初就是花钱买进快班的。"他抬起棱角分明的脸庞，"所以，老师你不用太关心我。"

在众人厌恶的唏嘘下，我却生起一种敬佩感。这个少年，正是自己想要成为的那个少年。那个放荡不羁不怕路遥马亡的少年。

直至后来有一次实验课，三人一个小组进行试验。我与翟羽毫无悬念地成为余下的那两个人。长长的物理实验台，翟羽仰坐在日光最为充沛的那个角落听着音乐。领口敞得很开，锁骨在颈末留下好看的阴影。我照着课本的步骤连接了几次电路，发现非常轻松，于是转身对翟羽说："你也来试试吧。"翟羽却说："来，坐下来听几首音乐。"

我被他强行拉下来听音乐，我将一句"我的右耳听不见的啊"压在喉咙深处，任他将一只耳塞塞在我的右耳。他灵巧地来回摁着播放键和暂停键，脸上的兴奋丝毫不加以掩饰。

"《各自远扬》有没有听过，《海角七号》的插曲，很有感觉的，总会让人联想到大海。"

"《他夏了夏天》呢，不觉得很有台湾独特的清新感觉吗？"

"《少年》是光良和曹格合唱的。真心让人心潮澎湃呢。"

他的双眸如同琥珀一般闪耀。我的右耳除却微微的震感，只有旷世的寂静。但是为了不露出马脚，我在间隙附和着说："嗯，这一首挺好听的。"

愣了一会儿之后，翟羽故作淡定地拔下耳机问我："这一首真的很好听吗？"

莫名其妙的感觉之下，我使劲点了点头。转眼之间，却看见翟羽的手指停在暂停键上——刚才耳机里恰巧没有放着音乐。什么东西轰然倒下，在我的心里发出一声巨响。不用再多的解释，任凭一个普通人，结合我曾经的行为也可以轻易猜到我的那个秘密。我避开那双琥珀般的眼睛，摘下耳机落荒而逃。那一个拔下耳机的动作，仿佛有千年之长。

我和翟羽都心照不宣。此后，我和他之间保持着一种微妙的关系，我想尽一切办法避开他，拉远与他的距离，甚至想办法让他忘记我，但是又时时刻刻偷窥着他，生怕他将那个秘密泄露出去。我的秘密大树下因为寄居了这个少年变得更加忐忑不安起来。两个月后的体育课上，全班的男生在几个划出的方阵里练习篮球。翟羽就跟在我的后面，我从这个方阵逃到那个方阵，从那个方阵又转到另外一个方阵。最后走到没有方阵，我气喘吁吁地抱着篮球撑着大榕树的树干，翟羽却出乎意料地叫了我的名字。

"陈明泽，你停下。"

他不紧不慢地走过来。我压抑着内心的胆怯，颤抖着声线说："你想怎么样。"

他不会是要用那个秘密来与我交易吧，抑或先嘲笑我然后公之于众。我做好最坏的打算，两只手攥紧拳头时刻准备着，却由左耳听见翟羽冷冷地说："你不用逃了，我会帮你保守秘密的。因为秘密和某些东西一样，都是非常重要的东西。"

我将整个身体倚靠在树干上，不可思议地盯着翟羽。心虚无比却又略带顽强地反问道："你凭什么这样保证。"

作为交换，翟羽也告诉了我一个秘密。彼时的榕树被大风吹得枝叶颤抖，微橙色的膨胀云朵渐变至天边不见。汗滴一颗颗悄悄从我的脸颊滑落下来。翟羽的喉结上下动了动说："嗯，那我告诉你吧。我最近有一个非常宏伟的计划，那就是要在高三来临之前完成环游台湾的旅行。”

这个计划才刚刚开始。翟羽除了一架单反相机，还需要一辆越野单车，一个巨大的旅行包，一定数目的钱，和一张飞往台湾的机票。“你会不会有这样的感觉，你只对一个地方或者一样东西了解百分之一，却是因为那百分之一让你深深爱上了那里。并且，你会为了那百分之一去奋不顾身探索剩下那百分之九十九，不管是好是坏，你都愿意尝试。我就是这样的。”翟羽说。

我咧开嘴笑了。高中生想背上背包去旅行，多么滥俗的想法，这算什么秘密。我站起身来，以第一代怪胎高傲的姿态看着这个比我更加怪胎的少年。“好的，我会帮你好好保守的。”我将篮球抛下来拍了两拍，招招手向翟羽说了再见。不过正因为这个秘密，翟羽许多怪异的举动似乎都迎刃而解了。他在美工课上告诉我垦丁的海就像玛丽颜料里湖蓝的颜色一般纯净，在笔记本上洋洋洒洒写上一大篇关于台湾电影的札记。痴迷程度一点儿都不亚于和那些坐在一排想着打游戏的男生们。

后来某个依旧暗淡的晚自习，我坐在窗口发呆，一束探照灯的灯光瞬间照亮我的眼。我探下头去，看见翟羽雄赳赳地跨在一辆越野自行车上，他说：“下来下来，让你看看我的新车。”这次他将MP3的扬声器打开，一股轰隆乱撞的打击乐从他的裤袋里迫不及待地冲出来。我坐在后座问他：“你哪里来的钱？”

结果没有得到答案。只是我感觉屁股底下的轮子旋转得越来越快，粗壮的铁链随风摩擦发出刺刺的声响。昏暗之中，一架飞机从头顶呼啸而过，翟羽像疯子一般展开双手，在狂风中呐喊。我吓得紧紧抱住这个疯子的腰，仿佛一不注意他就会像鸽子一样尾随着这架飞机踏上星空。不过这次让人胆战心惊的经历让人开始相信，这个怪胎真的有一种能量，那就是宁愿去死，也要完成他想干的事情。

第二天翟羽的头顶酷酷地戴上了一顶鸭舌帽。我说：“翟羽，你是不是今天准备要飙车了。”翟羽把鸭舌帽压得更低一些，然后说：“的确，昨天是没有飚够。”声线依旧淡然而清晰。上课的时候，翟羽始终不肯将帽子摘下来，结果态度强硬的班主任走到最后一排，直接将翟羽的帽子掀下来扔掉。起初我和大家的猜测都一样，他的帽子要不就是用来装酷，要不就是藏着一个难看发型。结果，一块大大的纱布包在他的头顶，中央部分还渗出了深红色的血渍。翟羽一点儿都不慌张，倒是班主任被他这番模样吓到了。苍凉的阳光之下，翟羽的姿态有一种无法言说的悲壮感。

“这是被我爸打的。”翟羽轻描淡写地讲道。彼时我们一前一后走在经过飞机场的那条路上。两侧是苍黄色及膝的麦田，一片淡黄像条柔软的丝绸。

“为什么。”

“我偷了他的机票拿去退，让他错过了出差的会议。我用那笔钱买了越野自行车。”翟羽舔了舔干燥的嘴唇说，“就是这样。”

“的确该打。”我保持我一贯幸灾乐祸的本性。

“但是越野自行车被没收了。”翟羽突然停下来，碎碎的刘海儿被大风弄得凌乱。

两个人相对无言了一会儿，只听见麦秆被风吹得簌簌的声响。我静静地开口说：“我可以帮你，我可以写文章挣稿费。不过，这需要时间。”

这下轮到翟羽露出一副幸灾乐祸的表情，他说：“怎么，陈明泽，你还会写文章？真的假的？”

“当然是真的。等你去了台湾，每到一处地方就给我寄一张明信片，就好像我一路上和你走在一起一样。”

于是此后，我的文章里总少不了一个性格鲜明的少年，站在狂风呼啸的海岸线上等着日出。我暂且把它们称作少年系列。而让人高兴的是，这些文章散落在每个杂志里，让我拿了不少稿费，翟羽也通过兼职开始挣钱。尽管大家都开始说，看，那两个怪胎玩到一起去了，真是同性相吸啊。但是随着时间一点点过去，我和翟羽却愈发激动地清点着手中的钞票，急不可耐地等待着那一天缓缓而来。

直到某个晚自习，我还在赶着下一篇文章的草稿。文章里的少年有着琥珀般的双眸和棕色的头发。我突然收到翟羽的短信，他说他再过十几分钟就要登机了，就在学校附近那座飞机场。我将手机的盖子猛地一关，不顾一切地冲出了教室。我脑海里又蹦出那片淡黄色如同丝绸的麦田，骑着越野自行车不怕跌倒的少年。寒风如同刀子一般戳进我的胸口，我发了疯一般骑到机场的那片空地，恰巧看见那架飞机闪着光轻巧地起飞了。

结果我还是错过了那么几分钟，与这个少年擦肩而过。我慢吞吞地从自行车上下来，目光停留在那架飞机上直至它成为一团微弱的亮点消失不见。从刚才到现在，一切都恍若梦境。我恰要转身走开，却听见有人在背后喊："哈哈，陈明泽。"

皎洁的月光之下，翟羽骑着自行车猛地出现在我的面前。我说："你这个笨蛋，难道没有去台湾吗？"

翟羽坏坏笑着，从自行车的后座上拿出一盒东西，然后塞到我的手里。

"是助听器，"翟羽解释道，"我突然觉得，不如等你能听见之后，我们一起去台湾吧。"模糊之中，他的眼却亮如琥珀。

在星辰点缀的幕空之下，有日光照射在我的内心深处。躺在翟羽口袋里的MP3播放器，正放着那首让人心潮澎湃的《少年》。

那是我们都回不去的从前
幸好还可以坚持当时的信念
世界尝试改变
我们还是心里面
那个偏执的少年

等不到的山无棱、天地合

程　萌

你这辈子就栽我手里逃不掉了

起初，我和陶姜相互不信任，把对方看成史上少有的完美万人迷。迫于危机感，我们互换了QQ密码，并常登录对方的账号勘探对方的行情，同一切假想敌展开爱情保卫战。

后来我看开了，书上说得对：松开手，给他自由，如果他还能回来，那么他就是你的了；如果他不再回来，那么他从来不曾属于你。

我把这个不可推翻的真理说给陶姜听，他一脸不屑却又霸气："胡说八道！我跟你说，聂念恋，你想都别想！你这辈子就栽我手里逃不掉了。"一直很女汉子的我听了这话竟然也有点儿甜蜜。

他把网名改成"许你一个地久天长"，并把我的网名改为"还你一个不离不弃"。你知道的，女生容易感动，一感动就开始把自己当情圣。我是女汉子不假，但野百合也有春天，女汉子也是姑娘，于是我含情脉脉、信誓旦旦地说了一句以后困扰我度过漫长时光的一句话："山无棱，天地合，乃敢与君绝！"抢台词是要付出代价的，何况是抢了人家夏紫薇的台词！

人到二十一岁之前都是定不下性子的

我妈不是新潮的老太太，尽管当年芳龄二十七的她很潮很积极地响应了党和国家的号召晚婚晚育，但作为“60后”的她受传统思想影响，极度反对早恋。所以她总是对我谆谆教导：“念恋，人到二十一岁之前都是定不下性子的。今天喜欢甲明天喜欢乙，比走马观花换得还快，所以啊——”

她说到一半通常就不说了，看着我意味深长。这时候我就得大义凛然地接下去：“坚决不能早恋！”

但自从和陶姜背着我妈谈起了小恋爱，我再也不敢那么理直气壮地和我妈玩接龙了。这是后话。我要表达的意思是我妈前半句说得很有哲理。

她说人到二十一岁之前都是定不下性子的。

我在和陶姜恋爱后六个月就深刻认识到了这句话的正确性。

噢，你别误会，陶姜是个好少年，怎么可能这么快变心嘛。当你看到我的文风时就该猜到，我不是以一个怨妇的身份来抱怨陶姜以及这段小爱恋的。所以，我要很抱歉地说一句：“知女莫若母。”

作为女版陈世美的我，作为还只是十七岁的我，我变心了。

嗯，你听力没问题

你知道的，痴情郎在21世纪是个濒临灭绝的珍稀动物，作为此类国宝级生物的拥有者，我成了女生们竞相追问如何能抓住这位男生的心的对象。

我不知道，我只知道“陶尾生”很烦，陶姜实在太黏人。

也许你已经看出来，我是个有什么说什么的人，又或者没有看出。这没有关系，我可以说明一下，就是因为我的心直口快，所以才伤害了美好少年陶姜的感情。不懂转弯直至利害。“陶姜，我好像不喜欢你了。”我说。少年愣了半天，像演偶像剧的拉长镜头一样半晌才幽怨地吐字：“什——么？你——说——什——么？不——喜——欢——我——了？”

很久以后我才想起来，我曾告诉过陶姜，我喜欢文艺青年。但文艺这玩意儿不好把握，深了矫情，浅了生涩。陶姜这种伪文艺青年就没能把握好深浅，矫情得我起了鸡皮疙瘩。

我说：“嗯，你听力没问题。”

哥，你好歹也加个字吧

其实，我现在想了想，当时陶姜不一定就是在装文艺范儿的，很不谦虚地说一句，也许他和我待久了，沾了一丝文青味儿也说不准。只是那个时候，我的审美又发生了转变，觉得文艺什么的都是浮云，还不如两个人一起“二”。我从文艺青年逐渐向“二货”青年过渡，倒是原本很“二”的陶姜现在很文青了。

后来我对陶姜除了习惯外再没有了心动的感觉，于是提了N次分手。每次都会被他的文艺范儿俘虏。尽管那时候我不翻言情已经很多——天，但文艺细胞和心跳的感觉犹如被电击了，一下子又活跃了。只可惜每次持续的时间都不长。

我在下雪的日子里又一次向他提出分手，陶姜幽怨地演着苦情戏：“你说山无棱，天地合，乃敢与君绝的！”无效后，恳求我陪他在雪中散最后一回步。本着好聚好散的理念，我勉强答应了。他在雪地里深情款款：“我喜欢和你在雪中散步，因为这样我们就可以一不小心一起白了头。”

那时候，我已经很久不看煽情的微小说了，所以觉得这话说得让人心窝子疼，我一感动再次当了回情圣：“我陪你白头。”

你不知道，当我看到那则微小说的时候，连砍了他的心都有了。哪有这么懒的人？一个字都没改动！哥，你好歹也加个字吧！只是，那时候我已经和他真正地、彻彻底底地分手了。

我们太高调了

不知道你是否看过这种自然现象：鱼儿总喜欢逆水而游。

其实，人也是这个样子。像我对陶姜，风平浪静的时候烦他烦得要死，可厄运来临时，却并没有借机抛下他。

高中生恋爱其实并不少见。当然，都是在天知、地知、大家知，老师不知、家长不知的状态下恋起来的。老师们工作繁忙，家长们远在天边，所以只要不高调，基本上不会栽。当然啦，不排除有点儿背的。

我和陶姜栽了。

但是我要申明一下，我红运当头。就算陶姜偶尔有点儿背，也不能倾覆我的福星高照。

对，没错。我们太高调了。

你绝对没看过么放肆的高中生小情侣。考试的时候，陶姜提前交了卷，在小卖铺买来了饮料、零食直冲我所在的考场，惊起埋头答题的考生无数，也惊醒了昏昏欲睡的监考老师。他把东西放到我桌上，面对老师的暴跳如雷，扔过一句："老师，她饿坏了你负责啊？！"然后走出考场，不顾身后大声质问他姓名、班级的监考老师。

就这么浑蛋的行为，竟然还令无数言情小说看多了的小女生羡慕不已。刚下了考场就围到一起叽叽喳喳地议论开了。

人肉喇叭传播信息比光速还要快，是你不得不承认的事实。甚至有好事的男生跑到我们班一睹我的"芳容"，说是想要看看到底是什么样的姑娘能让男生做出这么疯狂的事，更有蠢蠢欲动者决心来追我。

嗯，我要修正一下，我不是女版陈世美，我只是不喜欢陶姜了，并不代表见异思迁。

当然啦，由于我的机智勇敢，这一次我们化险为夷了。可陶姜不懂适可而止，本着再接再厉的态度就不得不让悲剧上演了。

我已经很惨了，你不会雪上加霜又要分手吧

陶姜自己招来的情敌把他折磨得焦头烂额，却让我看得乐不可支。如果一个人很在乎你，很爱你，无论你是否同样爱他，都会感觉得到幸福的。

小时候读过一个寓言故事，说幸福女神有个妹妹叫厄运女神，她们形影不离。大意就是乐极生悲。

所以我遇见了幸福女神，很快见到了她妹子。

期中考试的时候，第一场语文过半，陶姜故伎重演，不幸的是监考老师刚好就是我们班语文老师！更悲催的是，一群羡慕我经历的小女生不知用了什么方法，让下午的地理考试一个小时内有七个男生中场来给女朋友送东西。

“多坏的影响啊！”语文老师拍着桌子咆哮。班主任推推眼镜附和：“嗯！很严重！”

是的，很严重。陶姜被点名批评，我也不能幸免。然后找家长、写检讨接踵而来。

陶姜问我：“念恋，我已经很惨了，你不会雪上加霜又要分手吧。”我白了他一眼，“姐是那种人吗？”是的，我肯定不是那种没出息的妞儿。我不怕万人阻挡，只怕自己投降。

我好像离不开恋丫头了

有人说，像爱情一样的友情和像友情一样的爱情才是持久的。

我觉得荒谬。我把男朋友处成了哥们儿，却发现对他再也没有那

份心动了。

偶尔想起那段和陶姜互相把对方看得很重的日子，我就会想要发笑。

有一次加了一个网名叫“唯爱N”的姑娘，姑娘调皮，资料上填着“男”。陶姜觉得遇到情敌了，“N”不是就是“念”的声母吗？用自己的账号加了那倒霉的姑娘，直到和人家开了视频确认的确是个女生才放心。

还有一次因为看到一个女生给他留的言有点儿暧昧，我一上火，把他QQ里资料为“女”的网友删了个精光，连他妈妈也没放过。

我数了数为陶姜写的那些日记，也就百十来篇，记录的全是他做错了哪些事。女汉子一恋爱也会变成小心眼儿的林妹妹。每次一吵架，我就拿出撒手锏，将日记往桌上一摊，逼得他不得不低头。

他也有本记录我的本子，但满满的全是甜蜜。我偷看过一次，他在本子上写着：“我好像离不开恋丫头了。狠爱狠爱你！”我以为他写错字了，自作主张将“狠”改为“很”。一周后，他像纯情少女一般红着脸将本子塞给我。日后那本子会在每周末准时出现在我的课桌里。

可是，我已经不爱他了。如果不是因为那句“山无棱，天地合，乃敢与君绝”，不是那句“我陪你到白头”，我和陶姜估计早就说再见了。

不是我拿誓言不当回事

我开始特崇拜我妈。她太清楚她闺女了。不是我薄情，只是因为不成熟。其实，我还是很期待自己早早地到二十一岁，因为遇到一个爱自己的人不容易，何况还是这样一个深知的并曾爱过的少年呢？

考场事件平息后，我再次向陶姜提分手，很郑重地提分手。

陶姜不答应，他说哪怕我已经不喜欢他了，也不愿分，他说：“聂念恋，你就是个骗子！把誓言当垃圾！什么山无棱，天地合？我呸！现在山崩地裂了吗？你分什么分？”

“不是我拿誓言不当回事，要怪只能怪我太早遇到你了。”我跟陶姜说。我还说：“嘿，陶姜，咱们还是哥们儿！”最终分了手。只是那句“还是哥们儿”给他的打击挺大的，据说他常跟失恋的兄弟发疯：“呵，你哪有我可悲？我活生生把女朋友处成哥们儿了！”

不是因为外界因素却无疾而终的小爱恋，笼罩着众多和我和陶姜一样的孩子的整个花季。只是自己想放弃了，否则，如果两个人真的想要在一起，有什么逾越不了的呢？不清楚原因，仿佛没感觉、不来电了只在一瞬之间定了形。

太美的承诺因为太年轻，但亲爱的，我还是等不到山无棱、天地合了。

一个人的喜欢，抵不过两个人的温暖

那时阳光正好，柔柔地从窗外倾泻进来。好像所有的温暖都停留在她的微笑里，让我的心里瞬间柔软起来。

暗恋，可以是一个人的喜欢，与他人无关。

可是友谊，从来都是两个人的事。

只要你愿意，自然有人能够给予你温暖，如同那个夏日的阳光。

把过往放进背包

阿　黄

当我还处在只会掰着手指算十以内的加减法、偶尔晚上睡觉梦到上厕所画地图的岁月，我便干过一件惊世骇俗的事情：我不满意自己的名字，和我奶奶商量着改名。

当初年少气盛，以我想当然的时尚观扭曲了我的美感。我想被别人叫成“黄玫瑰”。可我奶奶喜欢茉莉，她说怎么不叫“黄茉莉”？她说：“你看看你爷爷，当初非要取什么珑，小巧玲珑体现在你身上没？”我看了下镜子对比了一下，结果我不愿多解释。

我还讨厌自己的姓氏。炎黄子孙那么多，为什么我就是五百万年前的持久性人群？莫非姓黄的人都是很死脑筋很神经大条，倔强得连姓氏都不换。

其实我不讨厌黄帝，因为你总叫我阿黄。

我上一年级的时候你是我同桌。你缺了两个门牙，说话总漏风，你的瞳孔黑得像宝石。我偷偷看了一下你的本子，上面写着很漂亮的两个字：程晨。学前班的时候老师就教过“晨”字，本意是一颗星星，又解释为清晨。

我应该是看走了狗眼才觉得这个名字写得很好看。

唉，那时的审美和现在可真不一样，年少时总觉得你写出来的东西不是一般小孩儿可媲美的。笔画多的名字总是有学问的，哪像我的名字。

长大后自己的字也写得端正了，才发现你一年级写出来的字惨不忍睹，“笔画多学识广”的谬论也不攻自破。

你捂着嘴巴问我：“我叫程晨，你叫什么呀？”我知道你怕别人看到你敞开的“球门”。于是我也学你，用手捂着嘴巴说：“我叫黄玲珑。黄玫瑰的黄。”你的眼睛瞪得很大：“你姓黄？和我家阿黄是一个字呢。我可以叫你阿黄吗？”

后来我才知道，所谓阿黄，不过是你家养的一条狗，毛发是黄色的土狗。

你说阿黄是一只很坚毅的狗，它只会到它心仪的电线杆下“嘘嘘”。甚至，你在跟我一起放学回家的路上，都要带我去那个有阿黄印迹的电线杆下寻找踪迹。终于有一天，你在那个电线杆下看到了一堆液体。你很高兴，你说阿黄终于回来了！随即你哭了，你说，可是，阿黄已经死了。

你抽噎的时候鼻涕吸溜个不停，那个画面在我吃面条时总是蹦出来，于是我对奶奶说：“奶奶，别做面条了，我戒了。”

四年级的时候老师问我们有什么理想。我很人云亦云地说我要当一名老师。你站起来的时候我得仰视，我听到你说：“我要加入WSPA。”

在一个刚刚接触一门外语的班级，你能说出二十六个字母之中的四个，并且能说得云里雾里，实在匪夷所思。连老师都不知道WSPA是世界动物保护协会，说英语可真洋气。

很好笑对不对？班上的人都说你的理想不切合实际。

只有我知道，你是比阿黄还坚毅的生物，你要加入WSPA无非是因为阿黄。你眼神里的执念让我不得不正视你。

韩剧突然在那个时候风靡，我们都在讨论剧情，天天抱一桶纸巾，类似自虐地在电视机前嗷嗷大哭，对比现实与剧情，憧憬自己的将来，是不是我也会像他们那样爱得死去活来、轰轰烈烈？

当然，在众多韩剧中我最喜欢的就是《我是金三顺》，怜人自怜吧，毕竟三顺和我是一类人，我们都没有好的背景、好的长相、好的名字。可是她有玄振轩我却没有程晨。

生命是一场仓促旅行，信仰是唯一的行囊。

第一次听你说这句话的时候，我感动到泪水在眼眶做圆周运动。

我是怎么喜欢上你的我忘了，要么一见钟情，要么日久生情。可我不是你的阿黄，我抵不上你的阿黄。就像口香糖广告里牙齿白净的男演员到最后可能说："我不是你的益达。"他们只是在演戏。有导演有编剧。

我明显不是个好演员，因为最失败的演员就是，一场戏下来，自己信了。

《我叫金三顺》大结局的那天，云朵像棉花糖一样柔软，我向你告白。

你拒绝了我，你说你要用功不想早恋。但是我用我的狗眼看到了两天后你和班花牵着手。我低下头，看了一下自己像哈巴狗一样的肥胖身体。

我在你们拥抱的时候回头，眼泪早就溃不成军。

2011年年末的时候我看了一部影片，片尾曲让我泣不成声。

"当初的愿望实现了吗？事到如今只好祭奠吗？任岁月风干理想再也找不回真的我。"

回头看，你已是乌烟瘴气的一片。

那个叫我阿黄的少年，时光偏偏弄脏你的脸。

一个人的喜欢，抵不过两个人的温暖

安 奈

“嘿，下来帮忙搬东西了。”走到教学楼前面，夏柠停下来抬头大喊。我抱着一大堆政治复习资料跟在她身后，也抬头看了看。教室在四楼，一下课男生们总爱靠在栏杆上讲话。

听到夏柠的喊声，那些男生都低下头来。阳光有点儿刺眼，我眯起眼睛努力辨认着那些或熟悉或陌生的面孔。猛地好像看到一双黑漆漆的眸子，我连忙低下头来，使劲盯着眼前山般高大的这堆材料，想要把它盯出洞来。天知道，现在我整个脑子里满满的都是那双黑得看不见底的眼睛，脸也红得发烫。心里却依然忍不住地想着：他的眼睛真的是很好看啊。

“搬些什么啊？”有个声音慢悠悠地问道。是他！我认得出他的声音，低低的，带着点儿漫不经心的味道，好像从很远的地方传来。怪不得要叫作林远。

“废话。当然是我们手上的这些东西了。拜托怜香惜玉一点儿好不好。”夏柠声音里带有几分怒气。我想她一定翻了一个白眼。也是，明明只是去上个厕所就莫名其妙地被政治老师叫来当苦工，是谁都会生气。

“这就下去。”依然是慢悠悠的回答。

夏柠索性把一堆复习资料扔在地上，站在旁边用手扇风。“快热死了啊。”她抱怨道。我安静地站在她身边。手里的这堆资料确实很重，抱久了手都有点儿发酸。校服背后被汗浸湿一片。真是热得可怕，连空气都带有夏季的黏稠以及令人烦躁的分子。

在心里胡乱想着，思绪突然被脚步声打断。他和班长从楼梯上走下来。校服穿在他身上，显得很宽松的样子。

“林远，这里这里。”夏柠像看到救星一样喊了起来。

他听话地走过来抱起地上的书，可以闻到他校服上洗衣粉的淡淡清香。他目光略一扫过我，便向楼上走去。夏柠紧跟在他身后，马尾随着她的脚步一跳一跳的。真是一个美丽又张扬的女生啊。她笑起来会露出八颗牙齿，异常明亮却也令人安心和温暖。

“于安，给我吧。”我这才注意到班长已经在身旁站了有一会儿。慌忙收起我的目光，尴尬地笑笑，把资料放到他手里。他看着我，眼神含意不明。

“林远，好像喜欢夏柠呢。”他抬头看看那两个渐行渐远的身影，在我耳边轻声说。说完便也向上走去。

我定定地看着他的背影，他的话却一直萦绕在我的耳边。“林远，好像喜欢夏柠呢。”只是这样轻飘飘的一句话，却给了我重重的一击。真的只是好像吗?

林远，明明我们本无交集，我却觉得你我也渐行渐远了呢。

暗恋是一个人的喜欢。

内心偶尔的雀跃欣喜和常常的落寞都是自己一个人的，与他人无关。

所以，林远，我只是暗恋你，与你无关。

看到夏柠桌上的信和礼物，我在心里轻声说道。

“小安，你说会是谁啊？没有署名啊！”夏柠看完那封信后，皱着眉头问我。她从不叫我于安。“小安”这个称呼有着莫名的熟悉和亲近。所以才会自第一次见面后，就对这个笑容明亮的女子抱有格外的好感吧。

“谁知道呢？”我耸耸肩。其实我是知道的，因为包装盒上龙飞凤舞的四个字“生日快乐”已经告诉了我，那个礼物的主人叫林远。

喜欢一个人，是会了解他的声音、爱好以及笔迹的。甚至还会知道，他喜欢的人是谁。

可是既然他没署名，也就是不想让夏柠知道吧。我在心里这样想到。

“我知道了啊。”夏柠眨眨眼，狡黠地笑了。

这个故事本来到这里就该结束了的。这只是一个女配角的小小喜欢。可是夏柠让这段意义不明的暗恋有了更好的结尾。

那天晚上夏柠找到了林远，她说：“有那么一个女生在很早很早之前就喜欢上你了。她喜欢躲在你身后偷偷地看你，喜欢在本子上画下你的侧脸，喜欢打你的电话然后不出声。她一直一个人喜欢你，她很喜欢这样的喜欢，她说这样很安全，不会被拒绝就不会心伤。她是我最好的朋友，所以我不能喜欢你。”

这些话是林远告诉我的。他说：“于安，有这样的朋友你真幸福。”

是啊。夏柠，有你这样的朋友真是幸福。

听到这些话的时候我是惊讶的。我一直以为我把自己的这些小情绪隐藏得很好，没想到夏柠竟全都知晓。

事后我问她，她笑了笑，说：“怎么会不知道？我们是好朋友啊，好朋友是可以洞悉你的所有情绪的人。所以，以后如果再喜欢谁就不要瞒着我了。”

那时阳光正好，柔柔地从窗外倾泻进来。好像所有的温暖都停留在她的微笑里，让我的心里瞬间柔软起来。

暗恋，可以是一个人的喜欢，与他人无关。

可是友谊，从来都是两个人的事。

只要你愿意，自然有人能够给予你温暖，如同那个夏日的阳光。

谁把时光缀成泪海

柒彩·虹

“小柒，你说，怎样才能忘掉一个人？”期中考完最后一门课后，偲偲落寞地问我。

其实，我又何尝不想知道，怎样才能忘掉一个人。那样，我就不用再一个人躲进黑暗里默默哭泣。

“殷浩，你来背一下席慕蓉的《乡愁》。”老师站在讲台上叫你，声音里微微带了一丝怒意。你坐在我的斜后方，可我不用回头也知道，一定是你又在说话，被老师抓了个正着。你站起来，低着头，长长的刘海儿挡住了半边脸。我还是没有回头，但我知道你现在一定就是这个样子。

果然，老师把书往桌子上一摔，说道：“我讲的时候你不听，和前面的人说话，人家不搭理你你又和右边说，我以为你都会了呢，结果叫起来连课文都背不过，你长本事了啊，作业都不做了！下课之后把课文抄十遍，放学前交上来。你给我抬起头来，低着头有什么用，又不是不认识你，还有，明天就把刘海儿剪了，那么长像什么话，学生就要有个学生样！”

我把脸埋在胳膊间偷偷地笑。可是下一秒，我却又难过起来，为什么你的每一个动作在我的脑海里还是那么清晰？你笑起来时深深的酒窝，跑步时飞扬的头发，还有长长的睫毛以及可爱的睡相，为什么我总也忘不掉？

同桌趁老师的注意力都在你身上，小声地说了一个笑话。那笑话真的很好笑，我笑着笑着就流了眼泪。

我们刚分手那天，我拉着偲偲。坐在公园的草坪上，不顾别人怪异的眼光相拥着放声大哭。我一遍又一遍地说："他凭什么要和我分手。"偲偲不停地说："他为什么都不肯多看我一眼。"

整个下午，我们把所有的悲伤都化作眼泪流出来了。

我告诉自己：当你把一个人或一个秘密埋得很深很深，没有人看到更不会有人提起的时候，自己也就慢慢淡忘了。

虽然我不知道这个"慢慢"到底是多久，但是我想我可以等，等所有关于你的记忆全部腐烂成泥，我就可以把它们储存起来，埋进新的希望。

然后，看它们在第二年的时候绽放成春天。

梦里，甜蜜蜜

苏 蒿

初见他是在高一的开学典礼上。广阔的落满红色朝阳的操场，白色的学校主楼，响彻整个校园的国歌，他是站在旗台上戴着白色手套的旗手，在国旗下站得那么挺立，就像是春天里挺拔的小白杨。

那个冗长无味而又喧嚣吵闹的开学典礼，我就那样站在队伍的第一排看着旗台上美好的他，甚至忘记了呼吸。

其实他并不是多么出名的人物，奥数竞赛第一名不是他，短跑纪录保持者也不是他，他并不拥有某项能让别人为之惊呼的特长。他安静，内敛，甚至孤僻。

那以后，无论是课间操，还是在中午的食堂，我都习惯了在熙熙攘攘的人群中寻找他的存在。

关注时间逐渐被拉长，我已经熟知他的一切。熟知他总喜欢在黑色制服里配干净的白色衬衣，不像其他男生喜欢在里面穿各种各样印有奇怪图案的T恤；熟知他擅长于端庄典雅的国画，对色彩鲜艳缭乱的涂鸦则毫无兴趣；熟知他每天下午放学都会去学校图书馆，坐到最后一排从来都是无人问津的物理典籍的书架角下安静地翻过一本又一本牛皮书；熟知他所有的行为细节，甚至连他抬头时额角的纹路都被我一刀一刀地刻进记忆里。

高二那年春天的校运动会上，他报名参加了男子八百米。3月里的阳光和煦而温暖，他穿着黑间白的条子运动衫站在跑道上拘束地做着热身运动，目光微凉地扫过观众席，最后落到我的身上。当时的我紧张得手心就快捏出汗来，刚想开口对他说声“加油”，他便淡淡地将目光移开。我心里的悲凉立刻洇染开了一大片，差点儿掉出眼泪来。

比赛中途他摔了一跤扭到了脚，那一瞬间我的眼泪几乎就喷出来，跟着踉踉跄跄的他跑起来。他跑得十分吃力，额头上沁出被阳光照得亮津津的汗水。他大概想过放弃，停下来弯着腰大口地喘气。当时的我便像是失去理智一样地大声喊出了他的名字，仿佛使尽了全身的力气。

他抬起头来看我的眼神极其惊讶。我有些尴尬，却捏紧了拳头对他大声喊：“你要加油啊！”

他还是跑完了全程，虽然是最后一个抵达终点的选手。我站在离他几米的地方又一次喊了他的名字。他回过头来看我。我说：“你好棒啊，真的好棒啊。”然后他便笑起来，午后的阳光纷纷地碎进他的眼睛，突然透亮起来，他说：“谢谢你。”

那一刻是我暗恋他那么久以来最开心的时候，他站在阳光下，在我的眼里成为那样优秀的少年。

我在那次运动会之后的某个下午早早就等在了图书馆物理典籍的书架前假装看书，在他来的时候假装出惊讶的表情，小声地惊呼，“是你啊。”他别过头来看我，许久才淡淡地笑起来，说：“是啊，是我。”

那是一个阳光慵懒弥漫的下午，图书馆的木头书架被阳光晒得发出暖烘烘的香气。他走到书架前，一边用手抵着书架上的书，一边眯着眼睛说：“很少有女孩子像你这样喜欢看这些书的。”阳光下的他，像是一个金色的少年。

那之后的每个下午我们几乎都会在图书馆见面。他并不像外表看起来那么的安静孤僻，偶尔看书看累的时候他会跟我讲讲冷笑话，然后有些自以为是地笑到岔气，让我以为自己是世界上最幸福的人。

尽管那种幸福无法延伸至遥远的未来。我已经不太记得他是高三什么时候转学到城东高中去的，只记得那时我刚好有了勇气要向他说出我的心情，最后还未来得及说出口。他转学的那个下午，我躲到了学校女厕所，借着水龙头哗啦的水声哭到脖颈通红。

高三那段时间我偷偷地往他的学校跑了许多次，只是每次我都是站在远处看着他。一直到高考前几天我再一次跑去找他，站在他的对面，轻声地喊他的名字。

他久久地看着我，接着粲然一笑：说，“是你啊。”大概是忙于高考的原因，他的刘海儿已经很长时间没修剪而长得好长了，低下头的时候便会遮住他好看的眼睛。

那天我们肩并肩沉默地坐了很久，一直到黄昏的时候他才站起身对我说：“其实我一直想对你说‘谢谢’。你在运动会上对我喊的那句话让我有了活得更好的勇气和自信。”最后他还说：“谢谢。再见。”

我想我是懂他的意思的，我明白那之后便是我们不一样的未来，是两个没有任何交集的人生了。走在路上听到商店里传出梁静茹的《勇气》，我蹲在街上哭了很久很久。

可是那个少年的样子，他的头发、眉眼无数次出现在我的梦里，我总是那么肆无忌惮地望着他，穿着黑色的校服，戴着白色手套，对着国旗专注地敬礼，身影挺拔修长，一如我初见时的模样。

黄小柠的暗恋往事

小妖寂寂

今天放学的路上，林美美忽然和我们讨论起她喜欢的男孩子来，她时而羞涩、时而兴奋、时而惆怅的讲述，听得我不由暗自觉得好笑。我正偷乐着呢，却没想到话锋一下子转到了我的身上，她们逼问我有没有暗恋的男生，我支吾了半天都说不出话来，于是几个女孩子哄的一声全笑开了，我在大家的讪笑中热了脸庞。

直到回到家里，陈颜儿的话语似乎都还在耳边萦绕："黄小柠这乳臭未干的小丫头，离开窍还远得很，懂什么暗恋。"我趴在房间的书桌上，忽然觉得很不服气，哼，说我黄小柠乳臭未干，说我还没开窍，我暗恋别人的时候你们大概还在喝奶呢！不信就把我的暗恋往事一一写下来给你们见识见识：

往事1：邻家哥哥

好吧，我黄小柠第一次暗恋人是在六岁的时候。那年，我偷偷喜欢上了邻居家的一个哥哥，他比我大五岁，我喜欢他穿小皮鞋、背带裤和小衬衫的样子，好看极了。

我越看越喜欢，后来我就想要是长大能嫁给他就好了。结果我一不小心，就把这份小心思给说漏了嘴，给小玩伴君君听了去。她一听就跟我急了，原来她也喜欢小哥哥，她也想着长大后要嫁给他，所以她和我吵了起来。她把家里所有的玩具都搬来给我，说要和我换，收了她的玩具后就不许和她抢小哥哥了。

聪明的我才不干呢，正在和君君争执不休的时候，我们远远地看见小哥哥走过来了。他的手里握着另一只小手，这只小手的主人是个漂亮的小姐姐。那一瞬间，我和君君都忘记了要说话，就怔怔地望着他们走近来，又走远去。

后来就是，大白天的，我和君君躲到我家被窝里哭了一个小时。

往事 2：数学代表

我的第二个暗恋对象，是读小学四年级时班上的数学课代表，一个很帅气的男生。那时的我，虽然学习成绩不好但生性活泼，在同学群中还是挺受欢迎的，大家都喜欢和我玩，就除了数学课代表，他从来都不会主动跟我说话。

偏偏他越这样，我就越觉得他酷，因此也越喜欢他了。我总在上课的时候偷看他，后来重编座位，他坐到了我的后面，我开心得连续好几夜都没能睡好。

然后有一回上语文课，老师问汗牛充栋是什么意思。我压根儿就不认识这个成语，但为了在新后桌面前表现一下，我脑瓜子一转就飞快地举起了手来。老师点了我回答，我用响亮的声音说："出汗的牛很容易冲动。"自认为很符合逻辑，却被宣布是错的。正当我脸上挂不住的时候，居然听到背后那家伙在偷笑，我一气之下抓起砖头般的课本，回头就给他脑袋来了个当头一击，疼得他当即皱起眉头来狠狠瞪了我一眼。

却没料不打不相识，从此我们成了无话不谈的好朋友，当然，我一直偷偷喜欢着他，他是不知道的。从头到脚，丁点儿都不知道。

往事3：摄影店员

虽然前面我喜欢的两个都是小帅哥，但我可不是花痴，因为接下来我暗恋的这个男生一点儿都不帅！他，是摄影店的小店员，心灵手巧。

是在我十二岁的那年暑假，家附近的摄影店忽然来了位少年店员，十七八岁的样子。他长相普通，脸上还有几粒青春美丽痘，但他有修长的手指，我看着它们摆弄相机，拍出一张张美丽的照片。我就是被他认真挑拣照片的模样给打动了，我想他一定有颗玲珑的心，否则怎么可以恰到好处地把那些美丽的瞬间定格到纸上。

整个暑假，我以想学习摄影的理由，每天有时间就往这店里钻，然后安安静静地待在旁边看少年店员的各种忙碌。直到暑假要结束的时候，他向我道别，说要去北方念大学了。临走前，他送了我一张照片，照片上眼里有动人光芒的小女孩儿，正是我。

往事4：篮球小子

然后到了我初三那一年，我忽然注意上了经常和弟弟一起玩篮球的一个男孩子。他大约比我大两岁，爱穿黑色的球衣，在球场上奔跑时身姿飘逸，还有一张帅帅的脸，其实现在我已经记不大清了，因为我总不敢看他。

这个篮球小子温和善良又有礼貌。我喜欢看他打球，所以每次都跟着弟弟往球场跑，他没来的话我会很失落，他来了，我又不好意思地想要躲起来。

就这样默默地关注了他两年多，无数次的见面，却没聊过几句话，我猜在他眼里我一定是个很文静的小姑娘。最后一次见到他，是跟着妈妈到附近超市买东西后回到楼下，遇到他一边玩着手机一边在等我弟弟去打球。我知道以后都见不着他了，因为我们家很快就要搬走了，我想和他说说话，想光明正大地好好地正视他一下，但最终我还是装着没看见他一样，低着头满怀伤感地走过去了。

往事5：文学少年

现在呢，其实我心里面也有悄悄喜欢的人，他是我们学校文学社的社长。

他是个干净纤细的少年，有着澄澈如水的眼眸，诗一样的气质，他笔下流淌出的句子有种不食人间烟火的味道，让我着迷不已。

作为社里的小干事，我不时会出现在社办公室里做事情，然后不知不觉就会被他的眼睛和笑容或者话语吸引。他就像个大小孩儿，一方面成熟，另一方面又很可爱。我把他发表在校报上的所有作品都剪了下来，贴在笔记本里；我家里的画夹偷偷藏了一张他的画像，是我对着他登在校报上的照片画的；我在新浪微博对他用了悄悄关注……

掰着指头算一算，十六岁的我已经暗恋过五个男生了！我知道林美美和陈颜儿一定会笑我早熟，笑我心眼儿多，也许还会笑我傻。她们一定会说："黄小柠你怎么都不表白，要勇敢一点儿嘛！"但是在我看来才不要说出来，这么美好的情愫，说出来就破坏了美感。

暗恋，是一种纯净又有点儿古典的情感，它无声地生长，渐渐占据我的胸膛又在漫长的岁月里一点点消失，无论何时想起，都是心底最温柔的记忆。

而无论是早年时的我，还是现在已经十六岁的我，都还没足够长大，还没有找到让灵魂站稳的根基，还没有能豁然展现出自己的本色，又怎么会去谈论爱情。我对自己说过，要努力，要专注，青春里重要的事情多得很，恋爱先摆一边去。在我还没成长为足够强大的黄小柠之前，所有的暗恋都会成为往事，而我黄小柠，要坦荡要从容要自信要快乐地享受这怒放的年少岁月！

你是我的伪王小贱

微溺水殇

2011年11月11日，老女人们组团看完《失恋三十三天》，我瞥了一眼长沙阴霾到极致的天空，给宋思维同学发了一条短信："宋思维，我怎么感觉这电影讲的是咱俩的事呢！"末尾是个大大的苦脸，因为长沙没有大太阳。

宋思维慢条斯理地打过电话："万蕾，你又寂寞抽抽了？"

三个小时后，武汉的宋思维出现在长沙的万蕾眼前。

我承认，仅仅两个月的大学生活把宋思维同学成功由普通青年变身成文艺青年。大大的黑框，撞色的抓绒卫衣，修身的牛仔裤，帆布鞋再搭上他那自称三百六十度无死角、百度都搜索不到的犯贱微笑，所有的文艺青年在他跟前都弱爆了。

"喂，万蕾。你每月那几天又到了？就因为长沙这半死不活的小阴霾，你就宣朕摆驾回宫？"宋思维手插着裤袋子，没有镜片的大黑框里面一双雷达眼笑得七荤八素。

我二话没说一把挎上了宋思维的臂弯："今天，租给姐当一天男朋友呗。"

宋思维同学貌似早有准备，从口袋里甩出一个《三好老公证》一脸嫌弃地盯着我："用不用贴你脸上让你显摆显摆？"

宋思维是我的青梅竹马，二十年没离开我视线范围之内，用时髦的话说是“闺密”。这个文艺范儿的小青年趁着高考的混乱，顺理成章逃离了我的掌心，但是关键时刻拿出来垫背，可真是经济适用男，用过才知道好啊。

小时候彼此穿开裆裤的故事烂俗到不行并且随着年纪的增大记忆所剩无几，看官可自行联想。记忆最深刻的怕是那些在单车上流走的岁月。

宋思维单车的更新频率是跟我的体重增长速度成正比的，所以我妈对待宋思维爱不释手也是正常的。

每天清晨，宋思维都会流氓一样叼着一块吐司，车后座还有一袋温热的牛奶，单脚撑地活脱脱像个单车版禁卫军。我慢吞吞地跳上车后座，宋思维总是千年不变“和谐号开动了，旅客朋友，请注意安全，不要随意搂抱司机，谢谢合作”。中学时代的我一年四季都在宋思维的单车后座演绎着人生的喜怒哀乐。

第一次被男生告白，宋思维利索地停下单车凶神恶煞地盯着捧着玫瑰花的男生，一个绝版的表情，吓退了我第一个也是唯一一个仰慕者，此后，万蕾有个流氓闺密的消息在校园不胫而走。

第一次被小心眼儿的女生陷害栽赃，我鼻涕眼泪湿了宋思维的白T恤，宋思维安静地将单车靠在街心广场的角落，一把把我拉进了肆意喷放的喷泉，陪我在水花中释放着所有青春里的小疼痛。事后，宋思维的矫情跟无情显露无遗，他脱掉白T恤丢给我的时候，我才傻傻发现他又把我当洗衣机了。

当然，单车后座没有所谓的浪漫发生，相反，每天都在重复上演着枪林弹雨、互相挖苦、尖酸刻薄的戏码。

单车岁月一直持续到高考完的夏天，宋思维有贼心没贼胆地选择了武广高铁线上与长沙一小时直达的武汉。交通的发达为我继续调戏宋思维提供了可能。于是，开头场景屡次上演。

“宋思维，我感觉你今天装扮很王小贱呢！”

“瞎说，我可没有王小贱性别那么模糊，你倒是跟黄小仙一个德行，从你嘴里出来的台词刻薄到能杀死塔利班。”

“你少来，宋思维。这利落的嘴皮子拜您所赐啊，感谢您为我的大学培养了一名优秀的辩手，感谢你为我未来的老公培养了一个坐怀不乱淡定的老婆。”

然后，我轻轻说：“谢谢你光顾了我的青春。”

每个女生都渴望拥有一个像王小贱一样的男闺密，该温柔时娘儿们，该爷们儿时也绝不含糊，而我却幸运地遇见了宋思维二十年。或许，他只是伪王小贱，我也只是伪黄小仙，但是又有什么所谓呢。遇见这样的闺密，每天的太阳都明媚至此。

自己做个梦

我的未来：上大学、工作、结婚、生子、死亡。就是这样吗？这样的我们，不是木偶一样吗？没有自己的思想和意识，只是被控制着过完一生，一步一步地踏进坟墓，一生都是在为别人而活，为了生存而生存，从来没有做过真正的自己。与其这样痛苦麻木地过完一生，还不如不要来到这个世界上。可是，既然我已经来到这个世上，我就一定要活出真正的自己。

自己做个梦

沐墨疏微

我发现我是个不喜欢上学读书的人。一直以来我只是麻木机械地做着这一切，从来没有想过自己到底是否喜欢，脑海中对于它们的印象就是自己要做这一些事，没有为什么，一切都是理所当然。当我发现我成了机械娃娃，任由人随意摆弄，顺着他们的心思做他们要我做的事时，心中突然一阵恶寒。

我是一个懒散的人，有玩的时间是绝对不会用来学习的，脑中总是会想着，还有的是时间，考试之前认真地复习一下，我照样可以战无不胜。于是，顺其自然的，我中考落败，考了个很差的学校。

本以为我会像斗败的公鸡、泄了气的皮球般一蹶不振，或是奋发努力、一雪前耻。可出人意料的，我依然懒散，整个暑假都被我懒懒散散地混了过去，直到上学的那天，我还在抱怨逝者如斯夫！

读高一了，也许是中考失败的刺激在此时发挥了它的作用，我像被打了鸡血，整天整天不停地学习，学习成绩也一路飙升。最好的一次，年部六百八十个学生，我得了第三名。在班里，老师不停地赞扬着我，夸我努力上进，同学们也认可了我的努力。我也很高兴，屁颠儿屁颠儿地跑去办公室给妈妈打电话，告诉她我取得的成绩，声音里带着难以掩饰的兴奋和激动，期待听到妈妈夸奖的声音。

电话的那端传来母亲忙碌的声音。母亲在菜市场上摆摊卖鱼，早出晚归。

“哦，第三名啊！那第一名是谁？”

“是我们班的小杰。”

“哦，那你怎么没考第一呢？”

“他比我的基础好。”

“是吗？那你要加油啊！我相信你的能力！我先挂了，我还要忙！”

“好！”

挂下电话，心中没有了喜悦，只是胸口有点儿闷，头也有些重，好似摇摇欲坠。

我按着母亲说的，愈发努力，奖状也是一张接一张地拿，却始终没有超过小杰。我有些气馁，心中也愈发空虚，像是满是空洞，急需什么来填补一下。

高一下半学期，我开始“堕落”，寻找着填补空虚的东西，将学习丢到了一边。那段时间我成了反面教材，成绩一下滑落得比流水还快。老师找我“喝茶”，成了我每天的必修课。后来我也经常想起我差点儿被老师们的唾沫星子给淹死的事，然后，轻笑出声。

还记得有一次因为成绩的事情和母亲闹翻了，然后将埋藏在心中的话脱口而出，怪他们将那么小的我丢给爷爷奶奶，怪他们只知道看我学习的结果，却从来不看我学习的过程，只要最后成绩不好，中间的努力全都是白搭……我不停地指控她，一边喊一边流泪，我从来不知道我有这么多的眼泪，怎么都流不完。然而，母亲只说了一句话就将我说得哑口无言：“我们都是为了你好！”是啊！都是为了我好，我还有什么值得抱怨，一切的根源都在于我自己。我无言，只是抱着双膝蹲在墙角默默地哭。

高二的时候，我又变回了懒散的自己，可以一到座位上就坐一天，要么发呆，要么休息，很少学习。同学们说我像个闷葫芦。其实，我以前不是这个样子的，以前我活泼、爱笑，不像现在这么沉默和冷漠。

我看了很多很多的书，看到里面所讲述的梦想和未来，然后我突然想，我的梦想和未来是什么？我苦思冥想了很久，是真的很久，突然发现自己没有梦想，也许小时候有过，只不过现在我早已遗忘，没有了一点儿记忆。至于未来，好像就是按照父母所说的，考上大学，毕业后找一份稳定的工作。可是我却猛然发现，这是父母所想的，而我一直将父母的希望当作自己的梦想。那么，我自己的未来呢？我没有梦想，除了读书什么都不会。所以——我没有未来。

我问我的朋友，她们的梦想是什么，她们希望未来的生活是什么样的。她们的答案出奇地一致："不知道！"

她们是这样回答的，我看着她们那空洞无神的眼睛，心中涌出了无限的悲伤，和我一样都是一群迷路的孩子。我还记得毕淑敏说过的一句话："没有梦想，必是一个死寂的世界。"

我的未来：上大学、工作、结婚、生子、死亡。就是这样吗？这样的我们，不是木偶一样吗？没有自己的思想和意识，只是被控制着过完一生，一步一步地踏进坟墓，一生都是在为别人而活，为了生存而生存，从来没有做过真正的自己。与其这样痛苦麻木地过完一生，还不如不要来到这个世界上。可是，既然我已经来到这个世上，我就一定要活出真正的自己。不管别人如何说，如何看待自己，我都要去追逐属于自己的梦。

与其活在别人的梦里，不如自己做个梦。

原来我是男姑娘

郦儒

对于一个除了长发之外身上再也找不出其他女性特征的姑娘而言，强悍已经成了我的代名词。你实在是不能奢望一个连裙子都没穿过几回的人给你扮林妹妹不是？

东东给过我最中肯的评价是："不看脸，任何人都会以为你是爷们儿。"

好吧，已经有了初具雏形的肱二头肌的姑娘，是挺爷们儿的。

可我总不能光挨打，我弱弱回击："隔壁班还有个打篮球的女同学呢。"

"你能跟她比啊？人家至少外形内心上一致。你呢，你就一外形上的芭比，内心上的变态金刚！"喂！是变形金刚好不咯？

男生不喜欢陪女生逛街的原因大多是女生太优柔寡断，而且耗时间。而据我弟亲口说，他不喜欢陪我逛街的原因是因为每次一上街，我先往书店钻，专找犯罪类型的书。

我弟跟我妈哭诉："怎么会有一个看起来连一米六都不到的女孩儿，专买讲杀人案例的书，那种描述得正常人都会毛骨悚然的案发现场，她居然看得津津有味。电视里专讲命案的节目，那种背景，那种音乐，她捧个电视在半夜11点看得难以自拔……"

我刚在心里腹诽，我娘十分淡定地开口了："你姐三岁时徒手拍死蜈蚣，八岁之前虐死无数蚯蚓，九岁跟你爸到深山采药草还带回一窝鸟，十岁就看《三国演义》，十二岁就不看柯南了，嫌幼稚……唉，别难为她了。”

我……我被我以前彪悍的人生深深惊到了。猛然醒悟，原来我是个男姑娘啊!

我活了那么多年，我妈只唠叨过我一样：“死尸，别再睡了，起来了，你这衣服，干净的还是脏的啊？乱丢一通！你这书看完不能放回原处？起来了，说了那么多你听到没啊，快去吃饭，不吃一会儿又胃疼了……”

简而言之，除了懒这一项，我其他方面自立自强得从没让我妈操心过。

我娘火急火燎地给我弟交生活费、安排宿舍时，我幽怨地盯着她：“想当年我才七岁，某个当妈的连送我去学校都没有，把我丢给我姐，什么交学费啦，认班领书啦，都是我自己一个人搞定。现在呢，我弟都快十七了。唉……”

我娘毫不惭愧地说：“你可长点儿心吧，我那是锻炼你。你看看你现在这心硬的，这胆大的，这血冷的……”

“您挤对我就算了，干吗说得我跟冷血动物似的？”

“你在意吗？在意吗？在意吗？”好吧，这点儿口头上的诋毁我早免疫了。

我一妥协，我娘又得意了：“你看吧你看吧，都是我锻炼的你，多自立自强，多顽强不屈……”

认真你就输定了

科学无解

书上说，今天大狮子座爱情运势只有一星，一定不要干表白之类的蠢事。我合上书，多美好的一天，一大清早气息通畅血液循环稳定，鬼才信那种星座运势。

正这时，短信响起，鲍二发来贺电：“快看人人网啊！张三表白了啊！”附在最后的是一个幸灾乐祸的笑脸。紧接着，第二条短信冲进：“恭喜恭喜，张三君终于还是和星姐有情人终成了眷属……”

起初我还抱着怀疑的态度，但随着第三条贺电的翩然而至，我终于相信了这三人成虎的谣言，一刹那黄钟毁弃瓦釜雷鸣，像我这样有才有德的人竟然被时代抛弃了，我心仪已久的张三学长，终于还是被别人收入囊中。

遥想当年，狼烟四起，在群侯争霸的知识竞赛上，张三一首意气昂扬的《国际歌》让多少人血脉偾张，那举手投足的英雄气概，那指点江山的飞扬文采，真是一见倾心，再见倾城啊……然而，一切都已成了过往云烟，往事缥缈，那日的欢歌与笑语，全成了如今不忍回首的悲歌，张三学长，你怎能自私地享受自己的欢爱，却这样弃万千粉丝于不顾！

悲愤需以食物化解。我趿着拖鞋冲出门去，买了一桶冰激凌，在路上举着硕大的勺子，高扬手臂，一下又一下地凌虐着冰激凌，路人纷纷侧目，摇头叹息而去。

只是饱食之后，想起学长的音容笑貌，仍是阵阵黯然神伤。还好整个宿舍一起约了游山玩水，顺便做社会实践，放松心情，不去想那些尘世庸扰。

一行人在西安会聚，小妹还在老远处，就拖着行李箱千里传音："双二姐！听说张三谈女朋友啦？恭喜呀！"

大姐摇头，"你不要惹她啦，阴沟翻船是迟早的事，大家都引以为戒，下不为例就是了。"

柳暗花明又一村。我要忍。船到桥头自然直。我要忍。

虽然大姐这么说了，可这些被假期的枯燥日子折腾得油水榨尽的家伙们似乎没有"可怜可怜她吧"的意思，一直居心叵测地跟我讲话。

"采访一下，你现在什么心情？"

"好累。感觉不会再暗恋了。"

"以后你还会场场去看张三的比赛吗？"

"会的，买卖不成仁义在。"

"如果有朝一日，我是说有朝一日，张三和星姐分了……"

"你们差不多行了！"

最后，大家幸福地唱起了儿歌："在那山的那边海的那边有张三和星姐，他们活泼又聪明，他们调皮又灵敏，他们自由自在生活在那美丽的校园里，他们善良勇敢互相关心哦……"

一刹那万千感想涌上心头，一生中能交上损友如此，也算我来过这世界的证据了。

来西安必到小吃名街回民街走一遭，站在入口的那棵参天大树下，大姐挥斥方遒，"既然双二现在处在如此悲剧的境地，我们每个人也应该有点儿金钱上的表示。每人就请她喝杯酸梅汤吧！我是大姐，我先来。"我剧痛之下痛饮四杯酸梅汤，后果就是大家和乐融融地吃着西安名吃羊肉泡馍的时候，我却蹲在地上痛苦地掐着嗓子眼儿干呕……

由于我们社会实践的课题是陵墓对西安发展的影响，所以必做的功课之一就是"下地"，老三一直在那边兴奋至极地念叨着"粽子！”“黑驴蹄子！”而我缩坐在车座上，愣神地望着雨中西安，心里朦朦胧胧。墓里非常潮湿，这里的洞狭窄压抑，单是走走便让人透不过气来，最尽头的那个洞里放着一具棺材，上面蒙着一层薄薄的湿气，石棺被推开一个小口，据说是当年盗墓贼所为。

鲍二看我一直发呆，推我一把，“看、看什么呢？”

我缓缓转过头，“我好像听见，张三唱过的那首《国际歌》，从里面飘出来。你们听到了没有？嗒嗒嗒……”我哼起曲调来，墓洞里光线十分昏暗，也许是我表情太过迷离，她们都吓坏了，不由分说地把我拖出来，“双、双二，你没事吧？”

我呆望着前方，“我……想吃……羊肉泡馍……”

“好好好，回去就吃羊肉泡馍。”

我瞬间恢复正常，拍拍身上的土，嫣然一笑，“行，就这么定了。”

想坑我，也不看看我是从哪个坑滚打摸爬出来的。从小我就经历了一系列艰苦卓绝的感情历程，喜欢过的男生，要不是和班花是公认的天作之合，要不就是从楼梯上摔下来骨折进医院直到毕业再也没出现在大家面前，要不就是太迟钝太冷淡连“爱情”两个字都不会写，我还在初中混的时候，就已经被冠以“恋爱克星”的名号了呢，区区一个琴瑟和鸣，怎能推我于万劫不复之地？早在幼儿园的时候，有一天，一个小男生跑过来叫住我：“喂！做我女朋友吧！”我当场就说：“好啊！”“结果呢？”舍友们非常有兴趣听我从小到大哪怕是民智未开时候的情史。我得意地哼笑一声，“结果‘哇’的一声，小男生就哭了，一边哭一边跑，‘老师老师，她吓唬人！’”

“呃，双二，你真的不难过了？”

“难过？为了一个盲目崇拜的虚幻的偶像？我喜欢的，不仅是要有着铜枝铁干的伟岸身躯，也要有他坚持的位置、脚下的土地……”

舍友们不屑地哄笑一声四散开去，“你以为你是木棉呢还致橡树？”

喜欢一个人嘛，就是这样来来去去，如果真的无缘，何必太在意，认真，你就输定了。

108路公交

王宇昆 Hkun

据说每个城市的108路公交都能穿过这座城市的心脏到达城市的每个角落。

在最冷的季节报了城市另一端的补习班，每天要顶着刺骨的严寒，站在公交站牌处等待108路的到来。十分钟一趟的频率让到站即上车的概率降到了最低，十分钟的等待之后，经常看着车尾从视线里拖着冒着暖热尾气的尾巴驶向远处。

迟到的上班族、准备去远郊市场批发蔬菜的菜贩、像我这样的学生，有着不同目的地的人选择在同一个地方等待同一路公交车，不仅仅是因为108路的行驶路线四通八达，更因为这是唯一一辆可以载动所有期望和等待，装着经久不息发动机，始终会旋转方向盘的车子。108路带给了太多人消失的方向感和存在感，或许也是因为我们给了108路寄托的机会，所以，它才会兢兢业业地传递我们每日每夜的生活和未来。

等待108路的人，在久居这座城市的大多人看来，是闯入未知地的陌生人。他们与这个幽静却不乏机械和浮夸味道的城市看起来格格不入。寒冷的早晨，被看成异乡人的他们拿着从小吃摊那里刚买来的鸡蛋饼，热气和着哈气模糊了眼前狭小的世界，没有人知道这样的日子，嘴巴里生硬地咽下了多少零度以下的空气。在旁观者看来，他们像是寄生在痛苦边缘的奋斗者，每天要起早贪黑顾不及冷暖地等候108路的缓缓到来。

看着不同的人换着不同的姿势在站牌处等待108路，自己也把自己想象成了这种市井人眼里的异乡人。其实我们也很想多看一眼这个城市的美好，只是，当一种机械的人际关系，被时间加速度给轻松超越，我们已经来不及思考生存的原始意义，只像上了发条的生命一样，在同样的时间，守着惺忪的睡眼和缱绻的背影，等待寄托着未来的108路。

时间一分一秒地路过，现实总是不紧不慢地折磨所有被冷风贯透的心灵。在最后一个西装革履的男士吃完最后一口鸡蛋饼扔掉塑料袋之后，十分钟只剩下最后的三十秒了。

等待让这世界的一切景物都变得缓慢，和疾驶的车流形成了鲜明的对比。每一个弯曲的背脊后都藏着一颗不为人知的心灵，这种神奇的结构里蕴含着多少沧桑和炽热。

三十秒的时光可以宣判今天108路班的司机是否守时，也可以宣判每一个等待者最后的耐心是否足够沉静地等到108路的到来。

回到最初的起点，我们都可以是这个城市最原始的缔造者。只是因为种种原因，因为不同的样貌、穿着、身份，使得这个城市给每个人划分了不同的等级。最高层和最底层的区别，不是心的狭隘与宽广，也不是金钱的多少，而是上帝分给他们的是别墅大户型和经济适用房。

冷风过境让百草荒芜，我们未谙世事却过早地懂得了应该用怎样的眼光看待怎样的人。我学不会太多的东西，正如在等待时候还一直抱着的祈祷的心。我知道，108路是这一天的希望。

108路终于还是迟到了，三十秒的等待让人们不停地解锁手机，或是一遍遍拨开袖口看手表。迟到了一分钟，而这一分钟让多少等待着的人如坐针毡。

这一分钟带来的可以是上司因下属迟到的训斥，可以是送货老板的千方百计埋怨，可以是补习班老师惩罚的十遍英语课文……

今天108路的司机换了一个人，是一个中年人。他戴着白手套，冰冷的眼睛紧紧盯着每一个上车的人是否有投币或是刷卡。白色塑料杯里面泡着的，大概还是温热绿茶，茶叶已经沉底了。108路今天又是满员，司机不耐烦地回头看了一眼最后一排的乘客。“不能再上了，等下一班吧。”一句话让最后一名乘客收回了已经踏上车的一只脚。大概随之而来的是无限的失望和埋怨吧。

108路的到来，让所有等待到已经快要入眠的人春风一夜，却又因为满员让一些人的心顿时掉进了深渊。这一起一伏，真是折磨人。

不过幸运的是，我成为了108路倒数第二名乘客，选择了最后一个空着的位子。最后一排尽管颠簸，却也让我这颗悬浮着的心有了些漫长等待后的安慰。这时反倒感觉有些对不起那最后一名乘客，或许他是要急着去工作，或许老板会因为他的迟到而炒了他，或许如果当时我把这珍贵的机会让给他，他就可以不用这样狼狈地离开了。

我竟然觉得自己有些冰冷和无情。我不知道其他人会不会这样认为。

108路缓慢地启动了，发动机又发出了轰隆的运转声，车厢内的空气顿时变得暖热起来。我坐在靠窗户的位子上，突然看见了那最后一个乘客，他绝望的眼睛紧紧盯着108路的窗户，然后风景开始流动，那个人越来越远。

108路渐渐在他的视线里消失，成为了一个黑色的圆点。

浮伤侵染年华

说一句不走了

我远远就看见你扶着自行车站在校门口，我乐颠颠地跑过去。你从我手里接过书包，你说：“走吧，回家。”我乖乖地坐在你车后面有一句没一句地给你唱歌。

“听我妈妈说，你妈妈今天去我家了。”你冷不丁地告诉我。

“哦，她干吗去了？”我漫不经心地问了你一句。

“她说想让我多陪陪你，怕你还因为那件事不开心。”

“我没什么不开心的，他们有他们的选择。宇少，你说人是不是最虚伪的动物？离婚前还你恩我爱的，离婚后就像不认识一样，分道扬镳。”

我们都各自沉默了一会儿，没有再继续这个话题。我说：“放心吧，我没事。我饿了，陪我去吃拉面吧！”

“好。”

“你怎么才回来？”我一进屋老唐就问我。

“和宇少去吃拉面了。”我一边换鞋一边向自己房间走去。

“在外面吃不会先打个电话回家吗？”老唐显然有点儿火大。

“我为什么要打电话给你？”

“你说为什么？这像是一个女儿和爸爸说话该有的态度吗？”老唐声音提得老高。

“你和我妈离婚的时候不是也没问过我吗？”我说完把房间门用力一关，门发出“砰”一声闷响，把我和老唐隔在了两个世界。过了半天，我听见重重一声叹息和关门的声音。老唐出门了。

我从来不敢把自己想象得太过重要，这样，即使受伤了，我还是可以无所谓地扯着嘴角笑。我拿出手机给你发了一条短消息：“你来我家帮我辅导作业吧，限你五十九秒奔到我家门口，否则，我会用五十八秒杀到你家，后果自负。”

“叮、咚、叮……”

“不错，四十三秒，再接再厉啊，我和老唐吵架了，他走了。”我说着把你让进屋。

“你为什么不叫他爸？总是老唐老唐的，多不好听！”你问我。

“不想叫，好了，学习吧，数学有几个题不太懂。”你没有再说什么，开始一遍一遍地给我讲题。

第二天，数学老师刚上课时就把我叫起来，问我为什么不交作业，我一脸无辜时你站起来拿着我的作业递给了老师。你说：“老师，糖糖的作业在我这儿，今早她去于嘉瑶那里交作业，落在了我这儿。”下课我跑去问你怎么回事，你什么都不说，就把我赶回自己的座位。

放学你让我先走，你说你还有事，我总觉得你有事瞒着我，就偷偷跟着你。我看见你和于嘉瑶去了学校篮球场，我听见你问她：“你为什么把糖糖的作业扔掉？要不是我值日正好撞见，今天糖糖又会被老师误会，以前糖糖被误会的那些事是不是也是你做的？”

于嘉瑶突然就哭了：“是我又怎么样？为什么你每次都要护着她？”你扔下了一句话，转身就走了：“不要再做这些无聊的事情，这样只会让人越来越讨厌你。”

后来，你发短消息给我，你说：“糖糖，不管遇到什么事，你都要学会好好保护自己。”我特不要脸地回了你一条：“不是有你在吗？嘿嘿。”

其实我不怪于嘉瑶，真的不怪，像那次她把班级的窗帘写满情诗，还留下我的名字，害得我把班级所有的窗帘都洗了一遍，我不怪她；那次，她故意剪坏老师的坐垫，栽赃给了我，我不怪她；还有一次，她把数学老师办公桌上了锁，然后把钥匙扔在了我的桌堂……

因为她喜欢你，她才这样对我，所以我不怪她。

不只她喜欢你，还有好多人也是，我总会看到你收到不同女生的情书，你当着所有人的面放到书包里。我知道你这样做只是不想伤害她们的自尊，然后我看着每个女生带着笑容离开。谁知一到家门口，你连看都不看就把信扔进垃圾箱，大步流星地走了。

我气愤地从垃圾箱里拿出被你扔掉的那些信，拿到你家，一把甩在你面前，叉着腰指着你的鼻子骂你白眼狼，样子和泼妇没两样。然后你看着我说："你那么希望我看啊？"我没说话转身要走，你说："把信拿走。"

那些信就全部被带回了我家，之后我就经常纠结在看与不看的问题上。宇少，你看看，你那么招人稀罕，为什么就愿意陪在连爸爸妈妈都不喜欢的我身边？

就像老唐和我妈离婚，你整天整天陪着我，我闹脾气不去上课，你也不去，我赶你走你也不走。我摔东西，你会帮我收拾残局，我哭，你会帮我擦眼泪，我不吃饭，你会把饭端到我面前哄我吃，你说："糖糖，你爸爸妈妈其实很爱你。"

我不想再拖累你，就开始听话，好好吃饭，好好学习，好好照顾自己。

"宇少，我们去看电影吧。"

"好。"

电影里演着男主角向女主角深情告别。我哭得梨花带雨，边哭边听见你说："要是有一天，你离开了，我也会像她等待他一样等待你，不离不弃……"

睫毛弯弯

陈笑笑

在家里看碟。本来是想看看动画片的，结果错塞了一张前几年的流行唱片。这一错我可就折腾了一个寒假呢。

“我心怦怦跳跳……”这边我手中不大灵光的遥控器还没来得及把碟吐出来，那边已经自定义开唱了。

镜头给了王心凌的一个特写——灵动的眼睛一眨一眨，微微上翘的长睫毛上下翻飞，那叫一个百媚千娇，顾盼撩人。

忍不住抵了抵自己的睫毛，都快戳到眼睛了才触到。咳咳，看来长是和我的睫毛没有关系了。不甘心地跑到洗手间的大镜子面前，眼睛又眯又闭地反复N次之后我终于接受了所谓的弯和我的睫毛也是没有关系的。

“妈！妈！”我妈慌张地跑过来就看见一张怨妇脸，“为什么我的睫毛不好看呀？”

我妈比我淡定多了，丢了句：“嗨，我还以为什么大事呢。我拖地去了。”临走还不忘打击我：“你的睫毛又不长又不翘的怎么可能会好看！”

“妈！妈！你回来！”我依偎着我妈做小鸟依人撒娇状，“你给我的睫毛剪几剪子呗。”

“行！”我妈倒是很干脆，放了手里的拖把就去拿了剪刀。

“睫毛弯弯眼睛眨呀眨……啦啦啦啦啦啦啦……”谁说睫毛只能天生美呀，等我妈给我剪好了，过几个月我的睫毛也能长长的，很秀气。

“哎哟，不行不行。这个光线太暗了，我怕剪不好。”移驾到了灿然一片的阳台，我妈又开始咕哝开了，“你说这东西可咋剪呢？万一剪坏了你又开始怪我了不是？”

“没事，您只管剪！不管怎么说，总比我自己剪出来的好。”与其说在给我妈打气还不如说在给自己打气。

谁知这老太直接把我的话当成了耳旁风，继续说自己的：“我小时候呀，家门口有个女孩儿爱漂亮。结果也不晓得怎么剪的，后来她的睫毛就长成了倒睫毛，专门往那个眼睛里长，扎得眼睛又红又肿的。唉！作孽哦。你说她好好的睫毛剪什么呀？”我妈边说就边准备给我下剪子。

“得嘞，妈，您老继续去拖地成不？我去看动漫光盘，我不剪了。”我妈还没有从疑惑中缓过神儿来，我赶紧夺了她手里的剪子去收好。“我觉得睫毛现在这样挺好的。真的。”

话说我睫毛就这么点儿长，先不说万一被我妈剪出来一个“其岸势犬牙差互”没脸回校见同学，要是真弄成了倒睫毛可就是疼一辈子啊，我最怕疼了。

溜达去厨房——找吃的。台上放着爸爸的茶。

我偷偷笑了，想起网上看来的东西，茶水是可以增长睫毛的呢。“爸！爸！我把你茶倒掉，给你泡杯新的哈。”没等爸应声，我就把茶水折进了一个纸杯里。

啦啦啦，我免费又实用的睫毛增长液就这样到手了，得来全不费工夫。

“睫毛弯弯眼睛眨呀眨……”对着镜子一边用棉签刷着睫毛一边幻想着，假如我这么坚持下去，寒假结束的时候说不定我人品大爆发睫毛长到能抬动火柴棒的长度，呀呀呀……

忘记刷了几天茶水就被我放在桌上晾凉。（茶水：“主人！书上说隔夜茶水或者是晾凉的茶水，可是你也不能把我晾这么久呀！”旁边某人无视地看电影。）

“妈！我桌上杯子呢？里面还有一根棉签的那个。”暑假结束的最后一天我良心觉醒了，可是它却失踪了。

“那个啊，我早丢了！”

“你怎么丢了呢？那里面可是宝贝！我还要涂睫毛呢。”

“妈，你给我买根睫毛夹呗！睫毛弯弯的也好看。”我边说边往我妈怀里蹭，双手还不忘把我妈摇来晃去的。

“去去，就你这一小点儿睫毛，弯了以后什么灰尘啊小虫子啊开心死了，直接就进去了。”我妈一点儿都不懂委婉的艺术，直截了当地把我的想法拍死在了地板上。

睡在床上，又想起王心凌的长睫毛——就像是长在两汪泉水畔的青草，在我心里不住地招摇，招摇……

不甘心地穿着睡衣，站到镜子前面。我摸着脸自我安慰，没事，就算没有长睫毛我这张脸也还没有到影响市容市貌的地步。

但是，感觉睫毛真的好像长了那么一点点。要不，每天茶水擦睫毛的日子还得过下去？！

时间把你带走了

肥猪流

“在那个古老的不再回来的夏日，无论我如何去追索，年轻的你只如云影掠过，而你微笑的面容极浅极淡，逐渐隐没在日落后的群岚。”当我读着席慕蓉如此缠绵煽情的小诗时，我没有想起幼儿园时分手了还要坑我一笔的小女友，而是你，我的老大。我说，你是不是感动得在忙着擦鼻涕呢……

放完寒假回到学校，听一帮穿西装的在讲他们成功的心得，说了一堆屁话，总结收场来了一句：“最重要的还是要靠你们自己努力啊！”小弟差点儿就当场晕过去了。终于挨到了放学，但想起很多事，心里压抑得慌。我不知道，我会这么恶心，居然想家了。

有人说，思念是一种声音，有风的飘逸，有风的透明，有风的不息。那么，当此时凉凉的风掀起我的鸡窝头时，我也就配合地想你了，哥哥。

成长的打磨，消退了你的棱角，曾经那个桀骜不驯的小子一去不复返。逝去的日子像一片片死掉的枯叶残花，渐去渐远的不仅仅是青春，还有其中的不羁与纯情。这些年来，你变得多么的懂事，却让我在一旁默默地心疼……

还记得那天晴空万里。我就说小说里是多么的坑人，为什么每一次不好的事就得要搭上残阳如血的背景。那天，你所有掩盖的错误终究躲不过老师的一个电话。父亲匆匆地赶到你的学校，长满了老茧的手落在你洋溢着叛逆气息的脸上，你在长长的走廊上跪着哭着认错……到现在我才知道那时你的手机被偷了，为了填上这个坑，就学别人赌博，结果输掉了很多很多。

打那天起，你就没再读书了，说是去上“社会大学”，其实在外面吃尽苦头。我常常会想到一个画面，一个弱小的身躯在残酷的环境里艰难地前进着，却经不起一次次风浪，一次次被击垮，趴在地上，满身泥泞。

如今的你，慢慢地蜕变成了一个成熟的男子，脸上有着大人思考生活时的焦虑，嘴上挂着大人寒暄应酬时的微笑，有着大人说话时自以为是的口吻。我突然感觉你变遥远了。你变成了一个有着亲切感的陌路人。

还记得那些日子，我们走在望不到尽头的大街上，暗淡的天空偶尔飞过几只轻声鸣叫的鸟儿，微拂的风扬过我们肆无忌惮的笑容，略带清凉的小巷里留下我们一起走过的足迹。只是，物是人非，曾经的那段飞扬跋扈的青春，已随春天埋进了记忆的河床。我知道，时间，把你带走了。

后知后觉请离开

半柔木木

知了的聒噪不安划破夏季黄昏的霭，反复地看了一里薄凉写的《去，给这个世界瞧瞧》，想着还剩十二天就打响的中考。与此同时，刚结束的模拟考给了我当头一棒。要强的心渐欲瓦解。

我不像一里薄凉那样拿着艰深晦涩的辅导书，问老师各式各样的问题，而是独自在座位上钻研令人深恶痛绝的题目直到焦头烂额，有时整个上午都不曾离开座位。不知是思想的执拗还是自尊的恐惧，总不乐意向老师请教。直到现在我才深知，我错了。固执是本色，顽固太恶劣，可是后悔莫及为时晚矣，脸上只有羞赧，一惯的后知后觉。

连续哭了几回。望着试卷上兵荒马乱的场景，同学来安慰，我却突然想起在某个地方看到过的一句话：那些在你失利时来安慰你的人往往最后自己成功了。大概是这个意思，而我的同学是好心呢还是如上所说我就无从知晓了。即使日后他们成功了，那只能嫉妒死自己去吧。谁让你应当努力了，仍是无所事事，后知后觉，你继续挥洒泪珠吧！

我问冬娟姐觉不觉得这个世界残酷。她问我哪方面，我想了想打了两个字传过去，即在她电脑屏幕出现“人心”。她说：“不残酷。你才经历多少人心啊，就残酷。”冬娟姐的回答给我些许感触，我以为她给我的回答会是世界本来就是残酷的，原来这只是我以为，就像我以为我已经尽了九年义务教育的职责，我不吵不闹踏实地学习就很知足了……其实我想问冬娟姐不只是人心的方面，就这个大世界而论，每个学生都要经历惊心动魄的考试，学习压得学生苟延残喘，考试与学习是否残酷？

道格拉斯·奥谢罗夫能在二十四小时内成功研究3He的超流动性，胡立阳能在十八秒内改变自己的命运，张涵予能在十秒内把握自己饰演谷子地的机会。而我呢？拥有比他们多十倍多百倍的时间，十二天内如何努力？难道我能用十二天的时间换取他人苦读三年的成果？曾经信誓旦旦地说："我要创造奇迹！"现在才明白这句话多令人啼笑皆非。

今天自起床我就再未笑过，看着身旁的书包和书，恨不得将它们全扔了。现在只要触动到伤感的心弦，泪珠就如音符随着旋律落下来。我也很想坚强地说："我没哭，只是睫毛溺水了。"事实是怎样，呆若木鸡盯着天空，思绪如云随着风迷茫地飘动。偶尔勉强地笑一笑后又陷入深思，笑不是学习这味药里的唯一药剂，我多想是一位优秀的药剂师，将学习这味药调得苦益于人心。

耳边突然传来《梅兰芳》中十三燕死前掷地有声的那句话：输不丢人，怕才丢人！十二天后，我将踏上中考的道路，不论是通往天堂或地狱，我都要走下去，不能怕！只希望不再后知后觉，后知后觉这般讨厌请你离开！

时间一分一秒流逝，许多东西总是迟迟才明白直至后悔。知了仍在聒噪不安，叫人心烦。或许是知了会在秋天将自己的躯壳深深埋入土地，在泥土缝隙间寻找卑微的天空，所以要在夏天风风火火一场吧！

知了没有后知后觉，真好。

图书馆打稿记

小太爷

我家的电脑于去年12月份不幸遭飞来横祸，先是被断了经脉——互联网那个无情无义的女人弃它而去，留它和不会抓耗子的那只可怜猫共度残生；随后又被废除内功——在我百般折磨之下它竟选择了删掉系统盘与我同归于尽！

如今斯躯仍在，魂不复存，实在可悲可泣！

但若不是它几近疯狂地就义，我想我这辈子都没机会坐在图书馆的电脑前打稿。

“哟，小朋友！”我抬头，只见一逆着光让我看不清长相的大婶子出现在了我的面前。

“去一号机吧。”她摇摇手里的拖布。我忙不迭地点头。内心早已把自己损得一塌糊涂——天啊天啊天啊！你的气节呢！你的桀骜不驯呢！你的邪魅冷酷呢！

于是面对着一屋子的纯平显示器，我热泪纵横。

这是让青少年远离电脑荼毒的意思吗？有人说：以刺瞎狗眼为目的的显示屏都是在耍流氓啊！

告诉你们个秘密，打我生下来那天起，我就没听说过图书证还有密码这一说。

彼时的拖把婶子已化身扫地婶子，她告诉我：“密码呀，就是你办证用的身份证号的年和月。”眼泪又一次夺眶而出。

松下打电话，言妈已关机。只在千里外，云深不知处。

我妈的身份证号对我而言绝对是不能说的秘密，所以我另辟大道地去了办证处拿到了身份证号。还偏遇上一烈性电脑，说啥不肯就范，我在换了数台之后（注意数词，掩面，其中艰辛尔等自行体会去吧）终于找到了我的“真命天脑”。

这纠结的故事到这儿也应该完了——结局是我和我的“天脑”幸福快乐地生活在一片小森林里……

但是可是可但是，生活啊，永远比你想象的残酷。

我打开电脑敲了密码，成功进入。打算在写东西之前搞个热身，去哪儿好呢？嗯，我逛贴吧去吧。

正欲打字，坑人啊有没有？朕的搜狗输入法呢？天空飘过几个字：这都不是事儿。

我用一点儿也不智能的智能拼音颤抖着打下输入法的名字，然后点下载。

如果说没有输入法不是事儿的话，装了不能用，就是事儿了吧……

我想，也就是从那一刻开始，我立志写下此文。不仅要对首次挑战自己挑战失败做以记录，更要告诫所有有心来这个图书馆的孩子们：珍爱生命，远离这里！

有时候，打败你的往往就是你自己啊！

用全拼输入法一边吐血一边写下这些字的小太爷同志下了决心，一会儿就回家修电脑去。无论你死了多久，我都要死马当成活马医，而且医活你！

呢喃

很想按个快进看看我们的以后，有没有成为自己想要成为的人，有没有嫁个大叔，会不会有个可爱的儿子，会不会一直在一起……

你说，喜欢我的单纯，不要变得跟其他人一样，我会努力做你喜欢的那个我，这样，我是不是就不会成为那个旧人呢？

嗯，程细细会一直爱你，直到你说再见那天。

呢　喃

程彬彬

还记得第一次看到你时，你正在哭，跟姐姐吵着说要住到上铺。每天回到宿舍大家都围在你边上聊，你总是一回宿舍就把裤子脱了到处跑，老朱一来查房你就裹床毛毯，我还记得你拿着超级玛丽打老朱的糗样哪。所有人都把你当孩子一样疼，你却总在我面前充大。

你有很多的朋友，身边也有很多关系好的同学，可是当你遇到问题的时候却选择了向千里之外的我寻求帮助，我想，于你而言，我是个值得信任的人吧。无奈的是，我却一次都没帮到你。

《中国合伙人》里佟大为说“永远不要和最好的朋友合伙开公司”，这话很实际，我觉得“永远不要跟最亲近的人牵扯到钱”，因为所有东西一扯到钱就复杂了。

以前在画室就见识过你花钱快的本事，每次叔叔阿姨刚给你几百块你转眼间就换成了一堆不能吃不能喝一辈子也用不上的东西。我想你现在一定还是这样，不然怎么会天天做兼职还沦落到问我“要不要把电脑卖掉”的地步。你总是骂我幼稚，这样的你又有多成熟呢?

那天早上我睡眼惺忪地打开手机看到你半夜发来的信息，你说你在西递写生，突然老是呕吐，同学背你去的医院。我立马给你打了电话，结果你两个卡都停机了，给你发的信息，后来你说没看到。

现在我不在你身边，你生病了会有人照顾你，换作我的话我又会手足无措了。这次在西递有没有幸运地见到你的西递大叔呢？跟不同的人去同一个地方时，你的心里会不会有些许一闪而过的情绪呢？这次有没有喝醉呢？有没有拉着别人要畅谈牛顿第二定律呢？有没有趁着喝醉去抱着一个闹僵了的朋友吵着去看林心如呢？

你知不知道那次你喝醉了突然冲过来抱着我满嘴酒气地要我跟你一起唱《星星点灯》时，其实我心里是激动的。我们是有多久没说话了，反正你突然过来亲我时，我只觉得好像压抑了很久终于解脱了一样。那种感觉真好。

七中的那段日子是我整个高中里最值得回忆的日子之一。你总是大中午的坐车过来陪我吃饭，大汗淋漓的时候就去网吧吹空调。我们一起去看你的假想敌，公交来了我说没钱，你自顾自地跑上车，说不管我，然后我就没上去，你在下一站下来，等见到了我冲我歇斯底里地喊："你神经病啊！我会不给你付吗！我投一块钱进去就坐了一站！你知不知道一块钱能做很多事啊！"街上的人都看我们，想想那样子真好笑，那天我走得脚上起了好几个泡，可是却很开心。

每次去网吧你总要给我看很多你朋友的相片，告诉我他们一个个有多棒多传奇。我说，我会努力变得优秀，并不是因为别的什么，只是想要做你可以拿得出手的朋友，只是想要有一天，你会翻来我的相片告诉你刚认识的朋友像介绍那些人一样地介绍我，满带自豪的。

我唱歌比赛得了第一名，你说我是被埋没的人才。我开心是因为在你心里我是优秀的，这就够了。

清明的时候，陪你一起去见你的妈妈，那是我第一次看到那么多的墓碑，可是却没有害怕，你有种特质就是很自然地让人觉得一切都是阳光的。我看过你小时候和妈妈的合影，你的童年是什么样子的呢，我一直很好奇你小时候会是什么样的性格，我想从七八岁到十七八岁都顶着同一张没有任何变化的脸的人全世界都没几个，你简直是奇迹般的存在。

要来淮北的时候，你说要好好记着路，迷路了给你打电话你也帮不了我了，因为你考去了宁波，我哭了很久。

那天你说，当你遇到困难的时候，帮助你的却是陌生人。我懂你的那种感觉，因为我经历过太多次。但是岸上不会游泳的旁观者心里并不会比溺水的人轻松多少，尤其是当溺水的人是你的好朋友时，这个时候不会游泳的人如果任性地跳下去只会给真正可以救援的人增加负担。我帮不了你的时候我的心里也不好受的。

我们以前的那个小本子，其实我也挺想看的，似乎都是关于那个人的，你把你的那些感情都告诉了没谈过恋爱的我，你说因为只有我懂你。

“五一”回家的时候你问我，为什么总是不给你打电话，因为我打过去时你总是在忙啊。你说你很怕会失去我，我差点儿哭了，原来真的有人是那样在乎我的。我又何尝不是呢，我也怕，怕你有一天会把我忘了。因为有人曾对我说，我这辈子都不可能有真心的朋友，可我认为你是，这次终于不是我自作多情了，哈，真庆幸。

你知道吗，你跟我说得最多的一句话就是“我是个喜新厌旧的人”。每次你这样说时，我都会很不安，因为我总会成为你心里的那个旧人是不是？那个时候你会忘了跟我说过的一辈子，忘了我们俩也曾在一起很久，忘了我们曾经很好很好……

很想按个快进看看我们的以后，有没有成为自己想要成为的人，有没有嫁个大叔，会不会有个可爱的儿子，会不会一直在一起……

你说，喜欢我的单纯，不要变得跟其他人一样，我会努力做你喜欢的那个我，这样，我是不是就不会成为那个旧人呢？

嗯，程细细会一直爱你，直到你说再见那天。

我想带你去吐鲁番

冰柠檬

嘿，小菲，还记得吗？那个你喜欢的地方，那个你一直想去的吐鲁番？

你说，在很小的时候，很喜欢吃葡萄干，于是就喜欢上了吐鲁番。

你说，长大以后一定要去走一趟，要痛快地饱餐一顿。

那时候我吓唬你说："什么？你想去新疆？万一在车上被人拐了，回不回得来还说不定呢。"本来是想逗你玩的，没想到真的把你吓到了。

你说："听你这么说，我都不敢去了。"

"哈哈哈哈……"我还没笑完呢，你的一个白眼立即秒杀了我。你那么凶，我才不会告诉你，我在大笑的时候暗暗决定等我有钱了就带你去你想去的吐鲁番。

我觉得我心里也有一个想去的地方，至于在哪里，其实我也不知道，是还没找到吧，也或许根本不知道它在哪里。

喂，你知道吗？吐鲁番除了有你喜欢吃的葡萄干以外，还有我想要寻找的花，它有一个好听的名字，叫作格桑花。

听说格桑花是格桑活佛的化身，能够找到八瓣格桑花的人会很幸福，格桑花的花语是"珍惜眼前人"。如果有一天我告诉你这些，你会不会很得意地对我说："原来你想珍惜我呀，直说嘛！"我想，你绝对会！

喂，做好准备了吗？第六感告诉我，不久后的我绝对很有钱。

那么现在请闭上眼睛想象：湛蓝的天空，温暖的阳光，纯白的云。我们正坐在去往吐鲁番的列车上，双人座椅，我坐在窗边，我的旁边是你。你紧贴着我，孩子般搂住我的脖子欢喜得不得了。我会把手插在口袋里，静静感受你的温度，静静融入你的欢喜，静静倾听你对窗外景物的喜欢。

这一场旅行，路程有些遥远，当你疲惫了，你会把头倚靠在我的肩膀上，迷糊着睡一小会儿。醒来后，我会盯着头发凌乱的你开玩笑："你好，我们认识吗？你的头发怎么这样，好吓人啊！"你会突然疯狂地向我扑过来把我的头发也弄乱了，而且是特别夸张的那种，然后你看着自己的"杰作"哈哈大笑。"哼，不认识你！"我扭头面向窗，双手交叉放在胸膛前，两腿跷起二郎腿一副气鼓鼓的样子。"好啦好啦！"你会温柔地帮我整理蓬乱的发丝，想笑却憋着不笑，逗极了。我也会慢慢转过身面向你，轻轻地抚顺你凌乱的头发。

听说过吗？一个喜欢画画、名为"几米"的男孩儿曾说，如果我喜欢你，正巧你也喜欢我，你头发乱了的时候，我会笑笑地替你拨一拨，然后，手还留恋在你发上多待几秒；而如果我喜欢你，你不喜欢我，你头发乱了的时候，我只能轻轻地告诉你："你头发乱了哦！"

来到吐鲁番，我们非常幸运地遇见了一家好客的当地人家，他们热情招待了我们，端给我们超多好吃的。我看着葡萄干、哈密瓜、西瓜、杏仁等等这些好吃的猛咽口水。我偷瞄一下你，看见你是和我一样的表情。能想象得出来吗？当你坐了几十个小时的火车，极度饥饿的时候，看见什么不是香的？

这户人家的孩子看上去比我们大几岁，很年轻也很阳光，他讲的普通话夹杂着些方言，不过还好，我们听得懂。如果不是有他在，我们还不知道怎么和他家人沟通呢。他让我们别客气，多吃点儿。你很有礼貌地说谢谢。我却俏皮地说："她只喜欢吃葡萄干。"他笑了，你粉红了脸颊。

你说想看看葡萄干是怎么制造的。

于是他带着我们走进了他家的房子，原来，是在住房的屋顶上用土坯砖错落砌成四面有孔、通风透气、形似火柴盒的土房子，把一串串熟透的无核白葡萄采摘下来悬挂在荫房里，再将新鲜的葡萄制成葡萄干。

你看着葡萄着了迷，他看着你入了神。

"喂！"我故意站在你们中间突然冒出一声，你们两个同时吓了一跳，好像被人从虚幻世界一下子扔回现实，好玩！

我说，想去寻找格桑花。

他告诉我，格桑花多数长在高原上。

我说，带我们去看看可以吗？

他说，好。

天色已经接近黄昏了，你、我、他跋涉了许久才找到格桑花。格桑花，六至八朵花瓣，没有花茎，也没有枝干，一簇簇，一团团，迎风招展，不娇，不艳，很平凡，但在我眼里却无比好看。

我摘下八朵花瓣放在你手里。

把花交替给你的时候，你紧握了我的手，我们的手心像粘了胶水一样贴在一起。

黄昏还是来了，昏黄的光镶在我们身上，就在吐鲁番，就在这高原上，我们拥抱了。

亲爱的，格桑花送给你，一定要幸福啊！

弯弯的时光，暖暖的沙

岑子墨

1

深夜11点，你突然发短信问我："暑假去漓江旅游好吗？"

我合上练习本，飞快地打了两个字："白痴。"还不忘赏了你一个"卫生球"。

"为什么？"你很快地问。

我说要上数学补习班。这次是你抛了个无比巨大的白球给我。

"喂，我们已经高二啦，收收心吧！"

发完我就关机、睡觉。

窗外远处街灯闪烁，我看着幻灯背景的黑夜，无心睡眠，你被我批评为"狗屎般的笑容"浮现起来。

2

"南湾——等等——"

我停下车子，扯了扯肩上的书包带回头很用力地向你翻了翻白眼，“慢死了！”

“喂，我两条腿怎跑得过你两个轮子啊！”

“谁叫你睡懒觉？”

“小黄罢工了嘛！我妈又没叫我！”小黄是我送你的十岁生日礼物，是只很丑的小黄蜂闹钟，有个录音功能。那时我刚会一句“起床了”的日语，于是每天早上勤劳的小黄就响起我蹩脚的日语叫醒你这个懒虫。七年的辛勤劳动终于让小黄疲惫不堪，最近老是罢工，我和你一起上学的时间也变得如波动数列般不稳定。

我回头看了看红绿灯，突然蹬起自行车。“喂——”你连忙拉住车架，“我还没上去呢！”

我皱了皱眉，却在转过脸时扯开嘴角。

“换个闹钟吧！”

“不换，没钱！”

“没钱还要去旅游！”

“我没钱换闹钟，只有钱去旅游。行不？”

“好啦！再嚷你就给我下车！”我的心暖暖地动了一下，晨风呼呼而过，我微眯眼睛，感受时光扑面而过。

3

女生载男生的画面在认识我们的同学看来并不觉奇怪，也只限我和你的范围，所以你每天跑过我们教室大叫着“南湾，给我英语作业”“我笔没水啦”“喂，有东西吃啊”时都很少会有人侧目。

别人总说我这个冷面女和你这个热血男怎么看怎么配。

“我呸！”

当我第六十四次吼“南沙，不要在我做数学题时烦我”时，你还是会嬉皮笑脸地“哦”一声，然后“啪”地放下一瓶牛奶，“喂，太难喝啦，你消灭它，南湾打怪兽！”

“喂，你当我是什么！”

4

上高中的第一年，我买了本有一千页的日历。每过一天，我就写下当天的心情然后用它来折纸鹤。

如今，我已折了四百只。有次你指着我挂在窗口的纸鹤说：“你越来越像个女孩子了。”

这次，我没有像从前般佯装生气与你打闹，只是给你扔了个白眼。

南沙呀南沙，你有没有想过，时光如水，如决堤的洪水，不经意间就把我们的美好年华冲刷得无影无踪，不留痕迹。

5

我们所读的学校不属于重点。

那天我问你复习得怎样了。你抱着篮球歪着头想了想说：“还好吧。”

我生气地夺过你的球，扔向阴沟里。你气呼呼地嚷：“干什么啊你！”

“帮你六百块的乔丹洗个澡！”

“神经了吗？那怎么捞！”

“苏南沙！还有半个月就要中考了，你还玩，以后你自己上学吧！”

我的用意很清晰，就是希望你可以和我一起考进市一中。但你那个成绩……

后来你就很少出门玩了，但我知道你还在玩，在家里玩。我在可以看得清你家客厅的窗前观察了好久，真的好想抓块砖头扔向那看《喜羊羊与灰太狼》而笑得前俯后仰的你。

中考时，有两道数学大题我没有做上。

命运真是个爱捉弄人的家伙，当我收到现在就读的中学通知书时，你却笑嘻嘻地在我面前晃着市一中的通知书。唉，我怎么忘记了你有个很有“能量”的爸爸？

可事实就摆在眼前，你比我低几十分，却收到这张通知书。

不过开学时，你还是跟在我后面一起去上学。

你说，都习惯了一起上学，就不去一中了。

我又白了你一眼，心里却暖暖的，在第一张日历上写下你的名字。

6

国庆，学校放了五天假。

我按原计划去上数学补习班，就像每天上学一样，只是旁边没有了你这个聒噪鬼。

这天，我习惯性地想去叩你家的门，却突然记起你此时应该在舒适的宾馆大床上或美丽的漓江的竹排上。

于是我第一次觉得上学的路这么漫长。

结果竟第一次迟到了。

“安南湾！你迟到了二十分钟！”补习老师不满地说。我一言不发地低着头。

“苏南沙！你竟更迟！”

我“嚯”地回头，你就站在我身后，气喘吁吁地扶着门框！嘴里吐出的大片雾气在阳光下氤氲着你的轮廓，

我有种梦幻般的感觉，不过——

“嘿嘿，堵车呀，老师，大过节的您就放过我们这两个勤奋又可爱的孩子吧！”

真的是你，你回来了！

我嫣然一笑。阳光好暖好暖，连空气都是甜的！

我们在回忆里等你

尘 尘

第一次听见你的名字时，我正趴在课桌上睡觉，那时正值夏季，天气闷热得不像话，我只是趴了一小会儿，后背的衣服就被汗水浸湿了。那一觉，我睡得特别不安稳，隐约听见语文老师念着你的名字，让你起来回答问题。你直起身子时，身后的椅子在地板上滑动，一声刺耳的摩擦声传入我的耳膜，然后我被惊醒了。

我不满地把头侧向了左边寻找声源，却刚好瞧见了你的侧脸，彼时，阳光轻柔地落在你的睫毛上，把你的睫毛衬得弯弯的。你的脸泛起了一层好看的红晕，你低着头，不敢直视老师的眼睛，老师微笑着看着你，然后温柔地问你“唐僧是个怎样的人物”。你沉默了好久，才支支吾吾地说“唐僧很性感”。这五个字让本来安静的教室突然沸腾了。你挠挠后脑勺，连忙解释，“其实我想说的是唐僧很感性，他普度众生，慈悲为怀。” 话一说完，你的脸就已经完全涨红了，那种红很鲜艳，就像午后的彩霞那般美好。我一直好奇地盯着你，心想你这家伙脸上的那一抹红，什么时候会褪去……

后来，我在班群里找到了你的QQ号，点击把你加为了好友。我们第一次通过QQ聊天，却让我郁闷到了极点，你一直不停地询问我的名字，我将我的名字发了过去，可你却不信，说班里好像没有这号人物。当时我非常无奈，到底是我太沉默被人忽视了，还是你根本就把我无视了。你一直逼问，我不知道该怎么回，于是一气之下我发了五个字给你，我说“我是孙悟空”。你回复得很快，你说：“大师兄，我终于找到你了，我是你们家老二，悟能。”

以后，你就一直“大师兄”“大师兄”地称呼我，刚开始我使出浑身解数拼命阻止，可是没一招管用。后来我们渐渐熟络，你总是不时地在我耳边念叨着“大师兄，师傅被妖怪给抓走了”“大师兄，师傅和沙师弟都被妖怪抓走了”。有一回，见我一直不理你，你便朝我大喊“大师兄，我和师傅都被妖怪抓走了”。我丢给你一个白眼，然后很平静地说：“最近猪肉涨价了，你还挺有行情的，我去和那妖怪说说，让他把你煮了之后分些给我。你说要红烧好呢还是清蒸好呢？”你的脸瞬间变成无辜样，连忙耍赖，“哎哟，我很多天没洗澡了，吃不得，吃不得。”

你经常会作弄你旁边的人，你时常把手机放到你同桌的周围，然后很虔诚地问你同桌：“为什么在你周围手机就接收不到信号呢？”当你同桌很天真地摇摇头时，你就会装作若有所思的样子无辜地回答：“因为你的头太大了，影响信号接收。”当然，结果就是你被你亲爱的同桌海扁一顿。

是不是每一次的相聚都意味离别，每一场盛宴都会有人中途离场？

2012年的6月13日，你突然说要带我们三个“吃货”去小卖部吃冰激凌，然后你给每个人挑选了我们最喜爱的口味。我们四个人坐在小卖部外面的长椅上，满天的繁星调皮地眨着眼睛，微风轻轻绵绵地拂在脸上。你和往常不太一样只是安静地低着头不说话，我问你怎么了，你有些欲言又止。后来我才知道你要离开了，要去广州学习美术，那一直是你的梦想。我突然语塞，看着手里的冰激凌一点点融化，然后滴落在我的手背上，刺骨的冰凉。我不想气氛一直那么压抑，于是我甩了甩手上的冰激凌，笑着说：“学校小卖部太坑人了，肯定没给冰箱插电，你们看，冰激凌那么快就化了。”你爽朗地笑了，“没关系，重买。我今天带卡来了，你们尽管吃，我刷卡。”我拍了拍你的头，“老二，你这个傻瓜，小卖部哪来的刷卡机？”老二，你知道吗，那晚其实我最想说的是“我舍不得你”。

2012年的6月19日，你发来信息，你说你到广州了，你说你很好，只是有点儿想念我们。

第一次发现你那么煽情。我盯着那条短信看了很久，然后突然鼻子酸酸的。直到现在我还一直保留着，舍不得删除。

傻瓜，我们在回忆里等你。

喂！小猪

尘 星

即使那些我们相视而笑一起看电视听音乐写作业的日子已不复存在，我的心也永远会为你保留一个位置。我知道永恒，所以不轻易许下永恒，但是，小猪，我为你许下这样一个永恒。

我记得小猪是个独立的孩子，习惯自己叠被，自己打扫房间，自己走路回家。不像我，一阵勤快一阵懒，老妈总是说我永远也不会照顾自己。我记得小猪是个骄傲的孩子，我们每次吵架，都要我先道歉。她总是抬着头直视每个人的眼睛，不像我，总是低着头，像个小尾巴一样黏着小猪，默念“谦虚是中华民族的美德”。我记得小猪是个细致的孩子，她会把头发竖起漂亮的马尾，提醒我多穿衣服，注意脚下。不像我，在被提醒了N遍之后，还是会华丽丽地摔倒。

我知道，小猪是个缺爱的孩子，是个孤独的孩子，是个害怕失去的孩子。小猪爱笑，但是她的笑容里总隐藏着一丝落寞。小猪喜欢拥抱，每次见到我都会给我一个大大的熊抱，仿佛只有这样才能填满她心中那份父母离异的空白。

后来，我们不再是最好的朋友，因为默默。默默学习好，上进心强，无论什么都想当第一，但如果让我再选一次，我还是会和默默分开；如果有第二次机会，我一定会跟小猪道歉。小猪是我在落寞时唯一想要停靠的地方，是温暖的怀抱。

不过，即使和默默分开了，我们还是关系很好的，小猪偶尔也会闹闹小情绪，但如今的我懂得了珍惜，也开始学着包容她，不计对错，因为我害怕和小猪吵架，害怕和小猪说再见。

转学前，我想了好久，要不要告诉小猪，终究还是没有说。我怕她会伤心，也怕她不会伤心。我知道小猪有最好的朋友，我不喜欢那个人，因为那个人和我一样自私，但是小猪喜欢那个女生，小猪和她在一起总会露出笑容。“这样就足够了吧？”我想。所以最后离开的时候我也没能说出那句酝酿了好久的话：“小猪，我们以后还能不能是最好的朋友？”

后来，我知道小猪恋爱了，突然有了小时候心爱的玩具被夺走时的心痛。我怕小猪有了男朋友，会忘记我，所以我竭尽全力不让她恋爱，告诉她恋爱的种种害处，后来她就真的没再和那个男生联系了。但我和小猪还是越走越远。

我转学后，最后一次看到小猪，她正和朋友在争论着什么。她们站在一起还真搭，都那么活泼可爱。小猪没有看见我，因为我灰溜溜地逃走了。

喂！小猪，我好想你。你知道吗？

情　书

微　晗

在青春小说里，总有一个英俊温柔的男主角，他的一举一动都能盈动阳光，他会收到很多的情书。常常有一个温婉美丽的女二号，她的一颦一笑都洋溢着花香，她也会收到很多的情书。

美丽动人的故事奠定了我对情书的向往和喜爱。我一直期待和情书来一场邂逅，可是这场邂逅却迟迟没有到来，最后也只能解释为个人魅力不足。

某次大扫除，某男提着一桶水经过，问我：“你要不要洗抹布。”我：“说好啊好啊，你帮我洗一下。”我站在桌子上低头看他，觉得他洗抹布的样子特别能拨动心弦。然后，我猛然醒悟到，貌似这位同学是校草级的人物。

“嘿，你是不是收到过很多的情书？”

某男被我吓了一跳，沉思了许久，“告白挺多，情书不多。”

我说：“没理由啊，故事里的校草总有收不完的情书啊。”

某男说：“那，大概情书都去故事里跑龙套去了吧。”

我趴在桌上，添油加醋地把这事跟我后桌男生说了。我说：“没有情书，你们男生都是怎么表白的？”他说：“QQ吧。”隔了半晌，又补了一句：“其实我觉得大多数人是暗恋，大家都很羞涩啊。”我长叹一声，看来我今生和情书无缘了。后桌男生信誓旦旦：“你放心，如果有幸情书经我手，我一定会给你看的。”

有心栽花花不开，无心插柳柳成荫。这句古话真的没有说错，在我把这件事情忘了之后后桌男生就真的给我捧来了一封情书。虽然这封情书是他即将要投递出去的。

我盯着小小的四方纸看了又看，这情书看起来怎么这么砢碜？后桌男生瞪了我一眼，“你到底看不看。”我说：“看，看。”

信的内容远没有我想的华美，整篇看下来，觉得特别冗长。请允许我在这里小小地描述一下。情书开头，小清新一段，综合后文来看，此段大概出自“度娘”之手。之后就开始各种生活絮絮念，第一次看见你你在干吗，你喝水的样子，你写作业的样子，你趴在桌上睡觉的样子。我敢肯定，如果某女收到情书，肯定会觉得自己被暴露在一台二十四小时工作的监视仪，不仅不会心生爱慕还可能会产生恐惧。信的结尾才慢吞吞地道出主题，我真的很喜欢你啊。

我把情书丢给后桌说：“酸死了，你一个高中生怎么也该写出‘衣带渐宽终不悔，为伊消得人憔悴’这种水平吧？”后桌耸耸肩，“又不是我写的，找人代笔的。嘿嘿。”

代笔者纠缠说：“情书是不能提前给人看的，否则肯定会表白失败。”我说：“我要为我后桌的幸福保驾护航，你的情书不及格。”他说：“不管我写得怎么样，你就是不能提前看！”我说：“有什么了不起的，大不了我写一封还给你。”

话说到此处，悲剧就诞生了。这意味着，我要写情书了。

交给后桌的时候，郑重交代：“情书你是不可以看的。”后桌说：“人我已经追到了。我只是想弄封情书给你看看，顺便浪漫一次。嘿嘿。”说罢就要拆，我说：“这是我第一次写情书，你怎么可以这样伤害一颗玲珑的少女水晶心？”后桌瞥了我一眼，嬉皮笑脸地说：“看看又不会死。”我垂头丧气地告诉后桌，其实我绞尽脑汁也没有写出让我满意的情书，最后只好把林徽因的《你是人间的四月天》抄了一遍。

后桌眯着眼睛，把我的情书折了纸飞机，“情书只是个传说。传说应该永远只属于传说，你硬生生地把它从传说中拽出来，你能看见的，便只有失望。”说着就把纸飞机从窗口飞出去，“刚刚它是情书，现在情书是个传说，它只是一个写了字的纸飞机。懂？”

折叠别致，笔迹清秀，内容让人如饮甘露。这是故事中的情书，也是我永远不能抵达的情书。

嗨，同桌

惟　念

1

我认识W小姐的时候，人生正处在“水深火热”之中，数学考试连着不及格，让我成了办公室里罚站的常客。但是同桌W小姐正是学霸型的好学生，她聪明到可以心算几秒钟便飞快地报出答案。无数次被老师点名起来做题目时，我都忍不住想瞄一眼好学生的作业本，但是，讨厌的W小姐每次都不动声色地抬手遮住关键部分，让我干着急，在心里无数遍地骂她是“小气鬼”。

是不是天底下所有的同桌都这么讨厌？

2

记不清是第几次被请家长来学校后，我已经不会再躲进厕所偷偷哭了，那种失望、绝望到一定程度的无力感，让我想彻底放弃这扶不上墙的数学了。

每个不愿意进校门的早上，都会在小书店里买五花八门的杂志，甚至有几回，老师从我书包里翻出了菜谱。

当一个十五六岁的姑娘觉得以后去当个辛苦的小厨师也比念书好时，说明她真的已经放弃了成为一个更好的人的可能了。

W小姐仍然在学霸路上昂首阔步，我早被甩在队伍的最后，没有人跟我争倒数第一的位置，因为其他人随便写写，就能轻松超过交白卷的我。

我不知道那种明明痛苦却又拼命掩饰、假装无所谓不在乎的感觉，要用怎样的语气来描述才更充分具体。回忆起来，只觉得那会儿最大的愿望就是明天就到世界末日，让太阳不要升起来，这样就可以再也不用去上学了。

所以我跟W小姐的差距越来越远，咫尺亦天涯的道理，我比任何人都明白。

3

初三开学后的那个初秋，我和W小姐终于有了一次“亲密互动”，还是因为没挤上回家的公交车，两个人背着重重的大书包，从天光微暗的傍晚，走到路灯渐次亮起的暮色四合。

原来W小姐跟我喜欢同一个作家，她收集了他主编的每一本杂志。

原来W小姐也想去日本，我们把岩井俊二的《情书》颠来倒去地看了四五遍。

原来W小姐也时常孤独，因为太出色的人总会被另一拨人孤立，像是韩愈在《原毁》里说的——怠者不能修，而忌者畏人修。

所以说，我跟W小姐有着相似的孤独，即使是以不同的形状和气味存在着。

“笨鸟，你以后想做厨师吗？”W小姐在分别的路口，微微颔首轻声问我。

我看着她那张过分好看的脸，欲哭无泪地答道：“才怪，我要做写故事的人，让那些和我数学一样差的人，上课不无聊！”

我们站在9月的夜风里笑得直不起腰来，然后挥手说再见，转身走进没有人洞察的落寞里。

4

有了量变的积累，才会有质变的爆发，这个道理每个人都懂。

但是真的被W小姐逼着每天做两张试卷，还要默写公式直到能举一反三程度时，我觉得生活里已经没有任何快乐可言了。每一次因为太笨消化不了那些定理时，我就想把数学书撕碎从窗口扔掉，然后在风里一直奔跑。

聪明的W小姐，就会适时地拿出我们都爱看的杂志，让我读给她听。厚厚的小开本杂志上，有让我着迷的段落和充满文艺感的图片。我喜欢的作家在里面写道：“人生如果可以朝着一个固定的目标努力奋斗，即使失败了，也不动摇自己的决心，重新来过就好。把它当作天边那颗最亮的启明星指引着自己，一直朝着它奔跑，奔跑，奔跑……那该有多幸福。”

教室里只剩我们俩了，黑板上还留着横七竖八的粉笔字，堆成小山似的桌子上，有夕阳折射出来的光斑。天蓝色的窗帘被风吹得鼓起来，像一面旗子猎猎作响。我看着一旁低头做题的W小姐，觉得眼泪快要掉下来了，不知道是为了她的这份苦心，还是为自己的不争气，总之我想告别这样使人万分沮丧的现状。

5

三十分、四十分、五十分、六十分，当我终于能勉强及格的时候，最热的夏天翩然而至，我们最天真烂漫的光阴，包括不情愿、不开心、不愿意说话，觉得每一天都是煎熬的日子，也一并结束了。

W小姐毫无悬念地考上我们那个城市里最好的高中，我也幸运地进到稍差一些的市重点里，开始新鲜又忙碌的生活。

数学还是我的硬伤，我仍然时常挂科垫底，但是那种彻底摊手啥也不干的想法，不再常常出现。我想着熬过去这个坎儿，就能上大学，读自己最喜欢也最擅长的英语，就不会有这么多烦恼了。

W小姐和我见面的间隔期越来越长，但是每一次见面都让我能鲜活好一阵子。她拿出给我买的书和杂志，零食和皮筋，再跟我说班里又发生了哪些好玩的事，却鲜少提及不够美好愉悦的一面。

我在被数学折磨得昏天暗地的同时，开始写或长或短的故事，再投进不同的杂志里。我没想过它们会印成铅字，被不同角落的人阅读到。只是心里有太多的情绪堆积，它们需要一个出口来释放，然后才有更多的空间来收纳接踵而来的困难考验。

6

我们并肩走过整个高中，我们齐耳的短发长过肩膀又剪短，我们学会如何做一碗美味的蛋炒饭，也知道了元音开头的单词前，定冠词一定要加an 。

我忘记那几百个日夜是怎么样过来的，我只知道考完最后一门英语的时候，整个人都被一种复杂的情绪包裹着。自由像是唾手可得的云朵，我只要稍稍伸手，就能感受到那种不受拘束的自在。

W小姐又顺理成章地进了本市的一本重点大学，我去了以英语为特色的专科学院，两个人都在自己喜欢的环境里，越来越好，越变越美。

我有了大把的时间来追逐自己的文字梦，W小姐也在努力学习配音，那是她的梦想。我们可以频繁地见面，可以一起吃饭整夜聊天，可以背着包去或近或远的地方看风景，我们成了对彼此来说，最重要的朋友。

7

偶尔我们一起坐在草坪上回忆起过往，都觉得一切都不可思议得不真实，那些在泥泞中跋涉的点滴，让我们为自己一路走来的坚持而暗自庆幸。

当自身的能力不能撑起想要的生活时，最该做的就是把头低下去，踏踏实实地去积累。走完该走的路后，才能走自己想走的路，这句话一点儿都没错。

所以每次有姑娘跟我说学习又苦又累时，我总想让她知道，眼下的每一天都是不可复制的绝版，即使看起来不够轻松自在，但是当你经历完整个过程之后，一定会有收获。

而我最幸运的，就是遇到W小姐这样的好搭档一起前行，她就是这个世界上唯一的、不可复制的美好存在。

未来的现在进行时

燕

6点50分，广播站准时播放音乐。《龙的传人》通过扩音器呈音波阵阵散开，准确无误地直击五栋宿舍每个人的耳膜。我似乎能感觉到该死的王力宏拿着麦克风，乘着那条助纣为虐的臭龙在我耳边猖狂地飞来飞去。我抓起枕头用力捂住耳朵。无奈，棉质的枕头没有隔音功能，金属碰撞的声音依然肆无忌惮。“天杀的！”我不情愿地睁开眼睛。半梦半醒地叠好被子，并且在歌曲尾声的时候结束了洗漱工作，效率似乎比以前高了不少。

为了不被打饭的人潮大军挤到最后，我以三步台阶一跳跃的方式下了楼梯，快马加鞭直奔食堂。然后以最快的速度解决了白粥，最后慢慢地嚼着鸡蛋配牛奶。我能告诉你这是我最喜欢的搭配吗？而后，到操场锻炼完身体就差不多可以上课了，对于我这个喜欢上学却不喜欢上课的孩子来说，这是一件挺痛苦仍需毅力坚持的事情。

我盯着黑板上方的“树立目标，开动脑筋，放飞梦想，成就未来”，这十六个字是班主任在跳水冠军胡佳来校演讲后总结出来的人生要求。我挺想问问胡佳同学因跳水而视网膜脱落，动手术不用麻醉药是怎么挺过来的？难道他觉得跳水的重要性胜过一切吗？如果是，那么他对梦想足够忠诚！信念让他忘记了痛苦，成就了他辉煌的未来。那我呢？对梦想足够忠诚吗？

想起了那些打工的日子，忠诚与否我不知道，但我足够义无反顾，至少比以前勇敢了。那未来呢？未来在哪里？未来又是什么样的？我不知道，但我一点儿都不迷茫。我不是没有目标，只是不想对未来规划太细。你想把未来像火车轨道一样一步步地排列好，然后按部就班，我觉得那是不可能的。因为计划永远赶不上变化快。

我想起了一首歌：我学着不去担心得太远，这样反而能勇敢冒险。是的，我想我是该改掉杞人忧天的毛病了。认真活在当下，不去烦那些未知数才是正道！努力充实自己，机会总是垂青于有准备的人！时候到了便全力以赴，我坚信上帝不会亏待我的。

“好了，请同学们来做一下课本中的对话。”

“同桌，几页呀？”好吧，我承认我走神儿了。我马上翻开书，进入上课状态。咱要做对梦想忠诚的人，咱应该好好学习，你说对吧？

阳光正好，微风不徐不疾，我把手掌张开，呈四十五度对准太阳的方向，阳光透过指缝照射到眼皮，暖暖的。我隐约看到未来明朗的印迹……

你有多了不起

蚂　蚁

你曾经对我说过，只要在百度上搜索你的名字，就会有一大串关于你自己的辉煌成就。有一天，我真的去查了，但是，搜寻的结果却让我十分无语——你，还是那么自恋。

对的，你总是那么自恋。总以为自己很了不起。

当我们还是奶声奶气讲话的时候，你就懂得怎样做一个称职的小地主。

清楚记得那个灰暗的傍晚，你似乎觉得以往赤手空拳跟我“玩”没新意，于是心血来潮，趁我不注意时将一块大布罩在我头上，拿着不知哪里来的大鼓在我头上用力击打着。

结果这创新的玩法将我吓哭了，也把你吓哭了——你怕小美找你算账。你冲出房间后再进来，手中多了一个我虎视眈眈很久的组装彩色笔。

“嘿嘿，给，这个给你，别哭了……”当时面对这样大的诱惑我当然接受了。但是，被你收买后的第二天，你又霸道地冲我说：“彩色笔还给我！”

是的，你还是一个奸商！

当你从矮我半个头长到一米八几的高个儿时，你的霸道也成正比例地升级了。你变得比小美还会管我。你给我制定了上百条只有义务没有权利的“宪法”：

你不准我在二十五岁前“早恋”，不准我随便出去参加聚会，不准我有一些不文明的行为举止，不准我和异性说太多的话……这些对我来说，通通都是不平等的条约。

你以为你是谁，有什么了不起的。但我还是遵守了，因为我很怕你。

到了初中，你为了追寻所谓的自由离开了从小生活的地方。

偶尔，你会回来，给我讲人生的大道理——那些你以前总是很不屑的。有时候，你会和我聊未来，聊梦想，聊生活想法，聊爱好，聊世界上许多不可思议的事……还会时不时地冒出实在欠听众海扁的话。

也许别人不认为，但是我和小美都觉得，你很聪明，很厉害。你总能将一件看似很复杂的事情轻而易举地处理得很漂亮。

在我们的印象中，你是一个多动又幽默的主。但是有一天在谈话时你忽然很平淡地对我说：“别看我整天这样对你笑嘻嘻的，其实我深着呢！”

看着你那被现世浸染过的越发成熟的面孔，我总会想，你到底为了自由付出了多大的代价，让人这般无法将现在的你与过去的你联系在一起。即使现在的你还是那么蛮横。

也许我们都已变得成熟，所以我不会再像从前那样因为不满你的专横而与你吵得面红耳赤了。你常常会嬉皮笑脸地叫我“呆子”，我也会时不时地用尺子“丈量”你的头，然后无比正经地将你又刷新的纪录载入你的“大头吉尼斯纪录”里。

我们之间这样渐渐和谐的关系让我越来越明白，是你的专制造就了我，不然，我也许早就脱离了正常的人生轨道了。

很幸运，小美有你这么个特别的儿子，让我能在特别的“兄式主义”的教育下，拥有人生至重的美丽往事。

不再怕你说我煽情了。

哥哥，你真的很了不起！

一个人流浪三十二天

任 兰

长长的铁轨上，寂寞的火车轰隆隆驶过，淡黄色的路灯光微弱地在漆黑的夜色中摇曳，车厢里传来断断续续沉重的鼾声，坐在旁边的妹子在啃着香肠小声地熬电话粥，偶尔传来几声轻笑，窗外是泼墨色的丛林，不知名的小虫飞舞个不停。一个人流浪第一天，世界沉睡在一切喧闹之中，火车正不眠不休地行驶向未知的远方。

胡同里吆喝声连连，刚出炉的包子热气腾腾地散发出香味，卖冰糖葫芦的老人在给孩子们唱着悠长的曲儿。坐在木制的小凳上，点上一盘小包子，一杯浓郁的豆浆冒着热气，梳着长辫子的老板娘微笑地盛上一碗肉粥，操着本地口音说这个不要钱。一个人流浪第四天，刚刚苏醒的小城伴着美食的香味变得活跃起来，巷口的孩子们穿着厚厚的棉袄正在嬉戏，暖暖的冬日阳光洒在大地上，像极了那些年肆无忌惮的青春。

闪烁着霓虹灯的大街上，重金属的音响声、路边小吃摊的吆喝声、酒杯交错的清脆声和一些不知名的嘈杂声混在一起，震耳欲聋。一个人流浪第七天，街边的路灯把一个人的身影拉得长长的，角落里一个抱着破吉他的流浪歌手哑着嗓子唱着沧桑的老歌。仿佛这世界和他无关，热闹不属于这歌声，灯光不属于这歌声，只有空旷寂寥的黑夜任它四处流淌。

坐在街角一家名叫时光的咖啡店里，一杯拿铁，一段悠闲的好时光。午后的阳光照进桌子，装着水的玻璃花瓶折射出斑斓的彩虹色。一个人流浪第十四天，就这样静静地沉沦在安静的午后。窗外走过几个十四五岁的少女，靓丽的马尾像美丽的蝴蝶张扬地跳舞，年轻的脸上笑靥如花。咖啡店里正放着那首《盛夏》，突然有点儿想念十六岁时的夏天，而十六岁时身边的人早已不在身边。

走着很长很长的街道，张开双手试图拥抱所有的阳光，心底的一片冰寒慢慢融化，复苏的蝴蝶蠢蠢欲动想要展翅高飞。一个人流浪第十九天，开始相信太阳可以驱走阴霾，月光会唱摇篮曲，云端深处必然住着天使。

一个人流浪第二十一天，送给自己一束绽放的雏菊，踏上青青的石板桥，脚下是清清的河水被阳光晒得闪着金光。乌篷小船悠悠地在水面荡开一圈圈涟漪，惊飞几只嬉戏的白鸟。这里没有喧闹，没有繁华，没有沉重的心情，只有无边无际的悠闲时光。晒着阳光睡了一场没有梦没有闹钟的长觉，一觉睡到夕阳西下。

一个人流浪第二十七天，学会了做美味的糕点，品尝自己的食物，舌尖尽是甜腻的幸福。脚下的大白猫意犹未尽地舔着盘子，半眯着眼睛慵懒地长喵一声。原来一个人也可以很好，也可以很快乐。

一个人流浪第三十二天，走了很长的一段路才走到你的城市，终于到达一直想要去的远方。路上风景那么清凉，路过很多陌生的面孔，陌生的街道，终于磨去那份最初炙热的想念，我想我已经可以放下你了。